日本労働社会学会年報

2020

第31号

JN109817

移住労働者と労働世界の構造変化

日本労働社会学会

The Japanese Association of Labor Sociology

ANNUAL REVIEW OF LABOR SOCIOLOGY
2020, No.31
Contents

Special Issue: Migrant Workers in the Structural Changes of the World of Work

Article

Book Reviews

特集　移住労働者と労働世界の構造変化

── 日本労働社会学会年報第31号〔2020年〕──

建設労働者の国際的移動を考える

──移民労働者をめぐるインフォーマル性と労使関係の変容──

惠羅　さとみ
(成蹊大学)

はじめに ── 変動リスクと移民労働者

　本稿は、日本の建設分野における外国人労働者の受け入れをめぐる問題について、労働市場のグローバル化という観点からその要因と諸課題を示すことを目的とする。建設業は、その空間的拘束ゆえに、国内産業であると認識されてきた。しかし、その捉え方は過去のものになりつつある。欧米、中東、アフリカ、そしてアジア諸国と、海外を眺めれば、建設生産をめぐる資本の多国籍化や労働者の越境化が当たり前のものとなっている。戦後の国民国家の枠組みで構想されていたような発展・国土維持・復興などの開発をめぐる経済社会活動が、ますますグローバルな企業活動によって担われるようになっている[1]。

　人の移動の拡大の中で、建設業は、製造業・ホテル飲食業・農業・家事労働などと並んで移民労働者が多い分野である。建設分野における移民労働者は、不安定な雇用状況に置かれており、平常時において社会インフラ整備に従事するという役割を担う一方で、社会経済危機の下では高い失業リスク・健康リスクに晒され、その社会的権利の保護が問われるようになっている（Awad 2009, ILO 2020）。

　日本もその例外ではない。日本の建設業は、小規模企業の比率が高く、従業者の半数以上が常用雇用者規模20人以下の小規模企業で働いている[2]。それら下請けを担う小規模企業が、外国人労働者の主な雇用主であり、多くは不安定な就労状況の下に置かれている。統計上把握されている限りでも、2018年時点で、建設業における26万5千あまりの許可業者のうち4.36%にあたる20,264社が外国人を雇用しており、外国人労働者数は93,214人、その内の64,924人（69.7%）

が技能実習生となっている[3]。

　2018年12月に「出入国管理及び難民認定法及び法務省設置法の一部を改正する法律」（以下、改正入管法）が成立し、新たな在留資格「特定技能」が新設された。この新たな受け入れ政策は、正面からの労働者の受け入れに門戸を開くものとして、また建設分野においては技能者の受け入れ拡大に繋がるものとして注目された。しかし、法施行後の制度化が直面する様々な課題（惠羅2020）や、COVID-19の感染拡大による世界的な経済活動の大幅な停止等により、現在のところ受入れは進んでいない[4]。2020年4月の緊急事態宣言が、既存の技能実習制度へ及ぼした影響は大きく、技能実習生の雇止めや仕事量の減少、出入国の制限、滞在資格の変更手続きをめぐる困難などへの対応が、急を要するものとなっている[5]。グローバルな労働市場が拡大する中で、急激な社会経済変動が移民労働者に与える影響は多大である。予想できないリスクに対して、送り出し・受け入れ両地域における対応はいかにあるべきかが問われている。特定産業の下で発生する構造的問題とそれへの取り組みについても、産業実態を把握した上で議論を深めなくてはならない。

　そこで本稿では、日本の建設分野における移民労働者の受け入れ拡大が直面する諸課題を考察するため、日本の事例を世界的な移民建設労働者の拡大の流れの中に位置付け、他の諸国との共通した問題や日本特有の文脈について考察する。その際、特に建設分野で焦点を当てられるようになっているインフォーマル性と技能変容について着目する。具体的には、第2節で建設業における移民労働者に関する国際的な傾向を整理し、その特徴を明らかにする。第3節で日本における受入れの背景と特徴を確認する。第4節で日本の建設業における移民労働者の位置づけについて考察する。最後に、第5節で本稿のまとめと課題を提示する。

1．国際的な建設業における移民労働者

（1）欧州における移動の自由化と労働規制をめぐる取り組み

　建設業の国際比較は、福祉国家の衰退の下での労働市場の規制緩和や産業再編成の下での集団的労使関係の変容をめぐって検討されるようになり、そこでは労

働市場の二極化や技能育成の困難などの問題が指摘されてきた（Bosch & Philips 2003, Rainbird&Syben 1991）。特に欧州諸国の労働市場の規制緩和は、域内における移動の自由化と並行しており、送り出し国の企業に雇用されて受け入れ国に派遣され就労する「国外派遣労働者（posted workers）」をめぐるソーシャルダンピングが問題視されるようになった。低賃金や長時間労働の規制を求める声が高まる中で、1996年には、受け入れ国の労働法制の適用の義務化や労働協約等の適応範囲を挙げた「国外労働者派遣指令（Posted Workers Directive 96/71/ EC）」が施行されている。その背景には、1980年代後半の欧州諸国の建設労働組合による、1949年ILO第94号条約（公契約における労働条項に関する条約）や1931年米国Davis-Bacon Actを法的根拠とした、公共調達における労働条件規定を求める取り組みが存在したとされる（Cremers 1994）。その後、2004年の旧東欧諸国のEU加盟や、二国間合意に基づく国外派遣労働者の受け入れの拡大、またEU公的文書における強固な自由市場論理などの影響もあり、当指令が持つ効力の効果的なメカニズムは疑問視されている（Cremers et. al. 2007）。その後も域内他国への移動の流れは継続しているが、2016年の時点で、国外派遣労働者の規模は229万人に増加しており、その45％が建設業に従事しているとされる（European Commission 2017）[6]。最近では、2016年に当指令を目的に適うものにするための改正案が提出され、2018年6月に採択、2020年6月末までの法整備が各国に求められているところである[7]。

　上記の流れを見れば、早い時期に移動の自由化が進んだ欧州においても、グローバルな建設労働市場の拡大における労働規制をめぐる取り組みは容易に解決策に至らないことがわかる。そもそも公契約自体、域外企業の参入に対して、いかに地域の労働協約の水準を課し、公正な競争を担保するかという発想を含んだものである（Walsch ed. 2011）。今日では、かつてのような経済活動の越境化のみならず、地域の労働協約を基礎づけるローカルなルールの切り崩しと広域化が進行しており、集団的労使関係の外部領域の広がりが顕著となっている。その拡大する曖昧な領域の中に、多様なバックグラウンドを持つ移民労働者が包摂されているのである。

（2）世界的な移動の拡大と今日的なトレンド

　他の地域に目を向けると、近年では中東、そしてアフリカやアジアなどの発展途上国における移民建設労働者の拡大が顕著となっている。例えば、国際移住機関（IOM）が毎年発行する年次報告書では、中東湾岸諸国の建設労働および家内労働における95％が移民労働者であり、移民労働者を特定の雇用主の下で脆弱な立場におくカファラ制度が存続していることや、東南アジア諸国において経済発展を牽引する鍵となっている労働移民の多くが非正規移民であり、強制労働が発生していることが問題視されている。同時に、スポーツメガイベントに伴う労働移民の拡大についても指摘されており、2022年ワールドカップ開催予定のカタールと並び、2020年東京五輪への対応を一つの契機とした日本の改正入管法が取り上げられている（IOM 2020）。

　Buckleyら（2016）は、2016年のILO労働移民部門のレポート「建設分野における移民労働と雇用」において、そのトレンドを包括的に分析している。その内容を以下で4点に整理したい。

　第一に、移民労働者を包摂する建設市場は今後も拡大していくという点である。特に、インド、中国、米国での成長が予測されている。今後数十年間の間に、先進工業国では高齢化や技能不足などを理由として、途上国では急速な都市化や国家インフラ支出などを理由として、いずれの地域においても移民建設労働者の需要が拡大すると予測されている。

　第二に、移住形態の変化である。建設労働市場における国際移民は歴史的に新しいものではないが、今日では一時的な移住形態（国際留学生ビザ、循環移民、ワーキングホリデービザ、一時的就労ビザ、難民申請など）がより一般的となってきている。

　第三に、移民労働者の直面するリスクである。インフォーマルなリクルート経路に依存する移民は負債を抱えた脆弱な存在である上に、今日の移民法は移民を雇用契約に拘束し、移民は特定の雇用主に依存している。また、建設下請構造の最底辺に位置付けられる移民は、劣悪な住居環境や労働酷使、高い労災リスクや不況時の失業リスクに晒され、また職場代表権にアクセスできないために地域建設労働市場に蔓延する不払いの被害に合いやすく、人身売買や強制労働が重大な

問題となっている。

　第四に、建設労働市場の分極化と移民の下降的・上昇的移動との関係である。いずれの国でも永続的に雇用される中核労働者の数が縮小している一方で、短期契約者・自営業者・労務業者の下での労働者など、一時的労働者の数が増大している。これは移民にとって何を意味するのか。一つは、底辺における生存のための労働の一形態である。祖国で経営あるいは建築設計などの資格を保持する就労経験者は、その多くが資格・経験を生かせないまま、受け入れ国では低技能化（de-skilling）に直面しているという。もう一つは、上昇移動の可能性である。技能者不足を背景に高度な資格保持者をめぐる獲得競争が激しくなれば、移民の職機会の拡大ともなりうる。特に、マネジメントやトレーニングなど、高度な専門家層に対する需要が存在しているという（Buckley et. al. 2016）。

　以上で見る限り、建設業で明らかになっている特徴の一つは、不安定性の拡大の下での移民労働者の需要の拡大をめぐる矛盾であろう。以下ではこのインフォーマル性と技能を取り巻く変容について見ていきたい。

（3）インフォーマル性と移民労働者の保護

　Wells（2007）によれば、1990年代において、特に途上国における建設分野でのインフォーマル労働が急速に拡大したという。建設におけるインフォーマル性は、四つの領域——インフォーマルな労働、インフォーマルな企業、インフォーマルな建設システム、インフォーマルな建設物——にまたがっている。その事例も、生産そのものが無許可の場合や、合法的な生産でも非合法な雇用や賄賂等の金銭取引が見られる場合、あるいは土地規制や労働安全規制を違反している場合、そして、元請自体は遵法的であっても規制に従わない下請を使う場合など、多岐に渡っている。そのような分野において、移民労働者は多様な組み込まれ方をしており、例えば留学生が認められた時間の上限を超えて超過就労している場合や、移民労働者が個人自営業者として下請けの下で働くことで雇用主は税金や社会保障を回避する場合がある。ゆえにWellsは、公正な労働を実現するためには、自治体行政、労働組合、アドボカシー団体などが、合法/非合法という単純な二分ではなく、移民の雇用と建設生産についての法律内外にまたがる複雑な関係性を

理解し、建設分野で起こっていることを総体的に把握することが重要であると指摘する（Wells 2007）。

　移民労働者の保護・組織化をめぐる議論においては、個々の労使関係を超えた広範な取り組みが求められるようになっている。Marinoら（2015）によれば、EU諸国における労働組合戦略は、すでに過去の移民制限を求めるスタンスを破棄しており、社会的政治的アクターとして、いかに労働市場アクセスに影響力を及ぼすかという立場に変容しているという。労働組合運動は、労働争議のみならず、移民の滞在地位をめぐる問題を扱うようになっており、拡大する非正規移民の包摂をめぐっては、より市民社会のアクターとして政治関与を強める傾向にある（Marino et. al. 2015）。同様に、米国においても、移民組織化や社会運動ユニオニズムなどをめぐる研究の隆盛の中で、労働者の組織化をめぐっては職場の外からの運動や、外部チャンネルへの関心のシフトが提起されてきた（Burawoy 2008）。

　労働運動における労使関係のコンテクストの拡張の流れの中で、建設分野のようにインフォーマル性の拡大が顕著な領域においては、労使関係の適正化はいかに取り組まれるようになっているのか。EU諸国の建設労働組合のレポートによれば、既存の組合は、しばしば空間的に隔離され複雑な重層的な下請構造の下に置かれている移民労働者の就労現場の情報収集や実態解明、そして移民労働者との関係構築それ自体に労力を費やすようになっているという。そこでは、現場や移民コミュニティに対していかにアプローチしていくかが問われていると同時に、移民出身の組合員の役割の重要性や滞在の一時性の中での持続的な関係性のあり方が問題とされている（EFBWW 2013）。労働運動は、新たな移民労働者に対して、まずは基礎的な情報収集と初期的な対応を重視せざるを得ないことが分かる。

（4）労使関係と技能をめぐる変容

　上記のような労働市場の流動化と不可視化の問題は、中長期的な問題解決には容易に結びつかないものである。インフォーマル性の拡大は、すでに確立された集団的労使関係を切り崩している。例えばEU諸国では、1990年代に安定的・協同的な分業に基づく伝統的下請制から、コスト削減に向けたアウトソースに下請

制の性質が変化したという。その背景には、自由主義論理の導入の下で、大規模な元請企業がEU規模での市場戦略をとるようになり合併や買収が相次いだこと、その下で小規模な労務下請業や自営業が急速に拡大したことなどがある（Cremers 2009）。

　Cremers（2009）によれば、労使間合意を回避するために、多くの労務業者が「サービス供給者（service suppliers）」と自らを称すようになっており、自営業者の増加と合せて、労使双方の代表性が自明のものではなくなっている[8]。例えばフランスでは、派遣業が建設分野に解禁されたために下請け構造の下で「サービス提供者（service providers）」として働く移民労働者が増加し、労働組合運動は彼らを代表しないままアウトソーシングに抵抗する中、低い労働条件の下でのさらなる離職と高い転職率を引き起こしている。これらの帰結の一つが、長期的関係の切り崩しによる職業訓練へのネガティブな影響である。すでに、英国では、自営業者の拡大の下で全雇用者に対する見習いの占める割合が1970年の4.5％から1990年の1.9％にまで減少し、2005年の時点でも2.3％と停滞したままであった。これらの理由から、Cremersは、コスト削減戦略に牽引された際限のない外注化は、将来的な技能者不足に対する構造的な解決にはなりえないこと、また、労使双方にとって建設分野における長期的な不安定性と技能者不足という利益を損なうものであると指摘している（Cremers 2009）。

　過去、数十年間に渡る訓練への投資の削減と技能変容は、いわゆる高技能職だけのものではない。Iskanderら（2013）は、米国の住宅産業におけるメキシコ系移民建設労働者の調査を通じて、非熟練労働と見なされがちな領域において、多くの移民たちが祖国での建設就労経験で身に着けた幅広い技能に基礎づけられながら、米国での職場経験を通じて集合的に技能・技術を習得し、生産プロセスを改革していく過程を分析している。Iskanderらによれば、メキシコにおける技能は、すべてのタスクに習熟することを是としており、米国の現場での専門分化した技能よりも広範で柔軟なものである。よって、労組のプレゼンスが弱い地域ほど、雇用主は技能養成コストを回避し、米国人労働者をメキシコ系移民労働者で代替する傾向にある。Iskanderらは二つの都市の比較研究から、以下のように、メキシコ系移民の技能と労働条件向上のあり方を比較している。メキシコ系移民

が保護された労働市場から排除されインフォーマルセクターを独占する都市では、雇用主による監視不在の現場で、チームによる自律的な労働過程とそこでの集合的な相互学習が見られるという。そして、そこでは集合的技能について手の内を明かさずに完成品の提示によって自らのやり方を守るという慣習が存在し、チームは雇用主による熟練者と未熟練者の分断を阻みながら、集団で雇用主に賃上げ要求を行うことで、全員の雇用を守ることに成功している。一方で、「労働権法」州など労組が弱い都市では、メキシコ系移民はあらゆる規模の現場に包摂されており、逆説的に職場のヒエラルヒーの中に組み込まれながらキャリア形成がより個人化される傾向にある。そこでの生産プロセスの改革は、移民出身の職長や監督などが鍵となっており、新規入職者に対する職場での習得機会の拡大、職種カテゴリーの緩和や複数タスクの訓練、移民チームの構築とその集合的知識による影響力の拡大などが見られるという。そして、雇用主との具体的な交渉内容を見ると、移民出身のチームリーダーが移民法の厳格化の下で労働者の強制送還リスクを避けるために雇用主に交通手段を提供させた事例や、不況時においてチームの解散と国外での好条件の雇用の可能性を交渉材料に、雇用主に対して賃上げと仕事確保を要求し獲得した例などが挙げられている。これらの例は、移民が習得した技能それ自体が、制度的な交渉力になりうることを示しており、運動論という点では、外部制度へのアクセスが交渉力に繋がるという見方に異なる視点を導入しながら、労働過程への再注目を促すという意味でも重要な論点を提供している（Iskander et. al. 2013）。

　移民は非熟練職にとどまるだけの存在ではない。技能の習得と経済的社会的権利や滞在地位は相互に結びついたものである[9]。同時にそれは、多国間にまたがる移動の局面においても移民の選択を左右するものとなっている。Buckleyら（2016）の前掲報告書の中では、移民が技能循環（skills circulation）を通じて「乗り継ぎ国」戦略（'transit state' strategies）を採用する事例が取り上げられている。例えば、南アジア系移民が、高度な建設技能訓練を提供するカナダでの短期就労経験を経てUAEでの長期的滞在を試みるケースや、その逆にUAEでの複合大規模プロジェクトでの経験を経て、カナダでの熟練建設職への就労と永住権を得る場合などである（Buckley et. al. 2016）。

　多様な文化的背景を持つ人々が現場に増える中で、マネジメント側の認識も変化しつつある。重要なテーマの一つが、職場の労働災害や安全健康衛生に関わるものであり、多文化な職場環境の広がりの中で、安全な現場運営に必要なコミュニケーションスキルの重要性が高まっていることは言うまでもない（Tutt et. al. 2013）。しかし、それ以上に、建設技能をめぐっては、言語化されない技能（tacit skill）や知識のあり方とその習得という側面に注目が集まるようになっている。Chanら（2009）は、建設におけるインフォーマル性と創発（emergence）を扱った学術誌特集の中で、上述したWells（2007）が指摘するインフォーマル性の多義性と分析ツールの要請を踏まえた上で、インフォーマル性がもたらす問題解決のための系統立てられたフォーマルなアプローチが、逆にインフォーマルな創発的実践に伴う暗黙知の領域を無視する傾向にあることを指摘している。マネジメント研究では概して、エスノグラフィー的な分厚い記述による理解よりも、企業や政策立案者に向けた目的設定やアプリオリな推論の提示が優先される傾向にあるという。それに対して、実際のケーススタディを通じて明らかになったのは、例えば石壁建築における日々の知識習得（everyday knowledge-in-the-making）が、言語とは離れた人間の感覚と物質の相互作用に根差す「審美的知識」（'aesthetic knowledge'）の側面に依存していることや、地域建設企業の競争力が企業内部ではなく広範なネットワークに依存した現局的学習（localized learning）や埋め込み（embeddedness）に規定されていることなどであった。これらのことから、Chanらはコミュニケーション研究におけるタスク中心的なアプローチから、よりインフォーマルな社会的・情緒的なアプローチへの移行を促すとともに、個人的生活への視点の導入、つまり就労と生活・世帯戦略の相互関係への着目を促している（Chan et. al. 2009）。

　以上のような建設の技能変容をめぐる分析は、硬直的な労使関係の溶解とインフォーマル性の拡大が既定路線である、という決定論的な発想を超えて、形成過程にある技能と個々の置かれた生活に根差した労使関係の創造という新たな側面に光を当てるものである。それは移民労働者とその家族の世帯戦略のあり方、そして就労・生活をめぐる多様な社会関係の構築とも密接に結びついているだろう。

　以上、本節においては、インフォーマル性と技能変容の下で、移民労働者を取

り巻く建設労使関係がいかに変化しつつあるかを見てきた。日本の事例を考える
上でも、目的合理的な政策分析にとどまらず、制度形成の複雑性とインフォーマ
ル性のあり方、そして個人の実践との相互作用に目を向ける必要性が示唆されて
いるだろう。これらの多様な論点をカバーするためには更なる調査研究が不可欠
であるものの、以下では、筆者が把握する範囲で、日本の現状について考察して
いきたい。

2．日本における受け入れ政策──移民労働者が置かれる構造的・制度的条件

（1）受け入れの背景

　日本の国内建設市場は1990年代半ばからの「聖域なき構造改革」以降、長ら
く縮小傾向にあった。例えば、外国人建設就労者受入事業が開始された2015年
度の産業規模を、1996年前後の産業ピーク時と比較すると、就業者数（増減率
▲27.0％）、許可業者数（同▲22.2％）、建設投資額（同▲38.3％）いずれも大幅
に減少している[10]。2011年以降は、震災復旧・復興事業や「国土強靱化」戦略、
また2020年東京五輪関連事業などに牽引された投資拡大策が見られるなかで、
縮小産業としての建設産業は常に労働力不足に直面しており、2020年までの間、
建設技能労働者過不足率は一貫して不足状態を維持してきた[11]。その一方で、政
府は大手元請企業の海外進出の拡大方針を打ち出し、「成長戦略」「インフラシス
テム輸出戦略」の下で、海外インフラ受注を拡大させている[12]。

　国内で建設産業に従事している労働者はすでに高齢化しており[13]、60歳以上の
現場従事者が全体の24.5％を占め（2017年平均数値）、今後その大半が引退する
一方で、入職者数はピーク時の半数の水準にとどまっている[14]。このような労働
力不足を背景に、国土交通省は2014年1月、「建設産業活性化会議」（以下、活性
化会議）を発足し、有識者や主要な建設産業団体などの参加により「人材確保・
育成対策」に関する議論を進めてきた。その中で、現状については以下の3点
──①人的・時間的な余力が低下し、これまで施工現場でOJT中心に行われてき
た技能・技術の伝承が困難、②若者が将来のキャリアパスや目標を抱けず、早い
時期に離職、③工業高校や専門学校などの生徒数が減少──が挙げられている[15]。

それに加えて、現場におけるコミュニケーションのあり方や社会関係の変容が問題視されるようになっている。例えば、**表1**で見るように、鉄筋業界からは、昔と今を比較すると職人の働く環境と処遇の悪化が、現場力の低下と合わせて発生している実態が報告されている。業界自らが内部観察するところでは、現場では、人間関係が希薄化し一体感が薄れ、管理機構が低下し、ダンピングの横行の中で職人は「仲間」よりも「安ければ誰でも」という意識に変容しているという。そして、精神・生活面では、金策の毎日で未来予想図が描けない親方の下で、職長や職人は、家族や恋人への責任といった心理面も影響して職人をやめることを決断していく実態が明らかにされている。親方や職長を頂点とした作業班の中で先輩の背中を見て育ち、技能は現場で目で見て盗み、それをもとに独立して親方になり生計を立てるというやり方は、すでにその動機からして崩れているのである[16]。

　他の欧米諸国と比較すれば、日本ではそもそも労働者の処遇の前提が、下請制や親方制の下での市場請負単価に左右される賃金水準であり、集団的労使関係や公的職業教育に基礎づけられたフォーマルな技能育成制度が不在のまま、労働条件の悪化の下で技能者の離職が進んできた。新規入職者の停滞と低い定着率を背景に産業の危機感は高まり、2015年には主要元請団体である一般社団法人日本

表1　職人の働く環境の変化—鉄筋の事例から

	昔	今
品質	職人のミスに対しては大らか、一体感や人間関係が管理装置として機能	高精度の要求、施工難度高、人間関係が希薄になり一体感が薄れ管理装置が機能しない、職人のミスが致命傷に
調整能力	職人を使う術を心得ていた	コミュニケーションの取れない監督増加、設計者や職人間の調整能力低下
現場の雰囲気	一体感、仲間意識、喜び、感謝	保身、圧力、ドライ、後悔、当然
監督	職人から仕事を教わった、業者間の隙間の作業は監督がこなす	職人から教わる意識の欠如、隙間仕事はサービスで職人にさせる、現場を知らない監督が多い
親方	憧れの存在、儲かった	なりたくない存在、やるだけ赤字
職人	監督の倍程の収入があった、優秀な人材が多数いた、目標があった	監督の半分以下の収入になった、優秀な人材から離職、高齢化が加速

出所：国土交通省建設産業活性化会議、第4回（2014年3月28日）資料3「関西鉄筋工業協同組合提出資料建設産業活性化会議〜建設産業の担い手確保・育成〜」、「2.職人が辞めていった理由とその背景」の内容を参照して作成。

建設業連合会がその長期ビジョンにおいて、「10年を経ずして建設業の生産体制が破綻しかねない危機的な状態」にあるとの認識を表明するまでになっている[17]。その後、活性化会議の議論をうけて2016年4月に「建設キャリアアップシステムの構築に向けた官民コンソーシアム」が立ち上がり、全現場技能者を対象とした就労履歴システムである「建設キャリアアップシステム」（2019年度本運用開始、運営主体：一般財団法人建設業振興基金）の設置が進められてきた流れがある。

　したがって、日本国内では、縮小市場における急速な高齢化と、熟練労働者・非熟練労働者にまたがる中長期的なキャリア形成において将来的な労働力不足が進展しており、それを受けて新たなキャリア形成システムの模索が続く中で、移民労働者の拡大が想定されるようになってきているといえる。

　そして同時期、国内産業政策とは別の文脈から、外国人労働者の拡大推進策が着手されている。活性化会議の中では、外からの決定事項として、「建設分野における外国人材の活用に係る緊急措置を検討する閣僚会議」（2014年1月24日、菅義偉内閣官房長官主宰）[18]において「当面の時限的対応として緊急措置を決定（予定）」したことが事後報告され[19]、それに基づき「外国人建設就労者受入事業」（2015年度〜2020年度）が早急に設立されている。建設分野における外国人労働者の受け入れは、むしろ東京五輪に向けた短期的建設需要や海外インフラ輸出のための現地担い手確保という建前の下で先行し[20]、大手元請現場の門戸開放を促すトップダウンの政策的推進に後押しされ、この5年間のうちに技能実習制度の活用拡大という側面で進展してきた。2019年施行改正入管法に際して、ようやく国内産業政策と連携した制度づくりが始まった段階にある。

（2）受け入れ制度と在留資格の併存

　建設分野における外国人労働者を在留資格別に見ると、「技能実習」が69.7％と最も多く、続いて「身分に基づく在留資格」（永住者、日本人の配偶者、定住者など）が15.8％、「専門的・技術的分野の在留資格」（「技術・人文知識・国際業務」を含む）が8.9％、「特定活動」（外国人建設就労者受入事業での受け入れを含む）が4.9％となっている（**表2**参照）。

　就労に制限のない身分に基づく在留資格を別にすると、受け入れ制度は以下の

表2　建設分野における在留資格別、外国人労働者の人数・割合（2019年10月末時点）

	人数	割合
技能実習	64,924	69.7
身分に基づく在留資格	14,752	15.8
専門的・技術的分野の在留資格	8,305	8.9
特定活動	4,583	4.9
資格外活動	647	0.7
不明	3	0.0
計	93,214	100.0

出所：厚生労働省「「外国人雇用状況」の届出状況」数値より作成。

4種類、①技能実習制度、②外国人建設就労者受入事業、③「特定技能1号」「特定技能2号」、④「技術・人文知識・国際業務」などを含む専門的・技術的分野に分類される。それらの特徴を比較すると**表3**のようになる。

　建設分野における外国人労働者の人数は過去5年間で大幅に増加傾向にあるが、その中でも技能実習生の拡大が著しく、2011年の6,791人から2019年の64,924人へと、8年間で10倍近くに増加している（厚生労働省「「外国人雇用状況」の届出状況」参照）。外国人建設就労者受入事業ならびに特定技能は、いずれも技能実習2号修了者からの移行を前提としていることから（ただし特定技能の場合は、日本語試験や技能評価試験を経て受け入れるルートもある）、技能実習制度への依存が高まる中で、新たな在留資格との接続のあり方が問題となっている。現在、把握できる特徴を挙げると以下の点が指摘できる。

　第一に、技能水準に基づく在留期間の段階的延長である。**図1**は、複数の在留資格の接続による滞在期間の上限を示したものである。2015年以降、立て続けに新たな在留資格が設立されており、滞在期間の上限が最長3年から13年と一気に延び、また特定技能2号に変更する場合は更新の上限がなくなった。日本における移民建設労働者は、一時的な滞在を前提としたものから、反復的な滞在と定住可能性を含んだものにシフトしつつあると言える。

　第二に、労働者の自由と権利の面では、技能実習では制限が大きく、建設就労者や特定技能になると転職による移動の自由が認められ、賃金についても「日本人と同等以上の報酬を安定的に支払う（月給制）」など、権利保障は大きくなる。

表3　建設分野での外国人受け入れ制度

	技能実習	建設就労者受入事業
制度の主旨	国際技能移転、国際協力	五輪需要への「即戦力」受入の緊急措置
開始時期	1993年研修・技能実習制度の開始、2010年7月～在留資格「技能実習」新設	2015年4月1日（2020年度までの時限措置）
在留資格	「技能実習1号、2号、3号」	「特定活動」
在留期間	1号1年、2号3年、3号2年	2年（帰国後1年以上経過した後の再入国の場合は3年）、2020年度末までに就労を開始した場合、最長で2022年度末まで従事可能
技能水準・要件など	・入国時：見習い・未経験者 ・入国後：1号修了時「技能検定基礎級」受験、2号修了時「技能検定3級受験」（実技試験必須）、3号修了時「技能検定2級受験」（実技試験必須）	技能実習2号修了者に対する滞在期間延長および再入国措置
受入職種など	22職種33作業	技能実習2号と同等（修了した職種・作業と同一の業務）
仲介団体	監理団体からの人材紹介を受ける義務	特定監理団体を介する
教育・技能訓練	原則入国後講習（2か月間の日本語・生活知識等）※入国前講習を実施する場合、入国後の講習の期間の短縮あり。実習実施機関配属後はOJT。	更なる向上を図るよう配慮（適正監理計画に基づき、当該機関との雇用契約に基づいて建設業務に従事）
団体などへの受入費用	監理団体への監理費の納入（相場は月3～6万円@人、通常の場合、手続・訓練・教育等に別途経費が必要）	監理団体への監理費の納入
行政手続き	・法務大臣による在留資格審査 ・外国人技能実習機構の技能実習計画の認可、実習実施状況の届出	・国土交通大臣による適正監理計画認定 ・法務大臣による在留資格審査
監理	監理団体による訪問	監理団体による訪問、適正就労監理機関（FITS）による巡回指導
家族帯同	不可	不可
転職	転職には、雇用先、監理団体の同意を得て、実習計画の変更等が必要であり、事実上困難	受入建設企業を変わることが可能（あらかじめ特定監理団体に相談する必要）

出所：恵羅（2020）をもとに、国土交通省「外国人建設就労者受入事業に関するガイドライン」（平成26年11月）、「特定技能の在留資格に係る制度の運用に関する方針について　別紙6　建設分野における特定技能の在留資格に係る制度の運用に関する方針」（平成30年12月25日閣議決定）などを参照して作成。

特定技能1号	特定技能2号	技術・人文知識・国際業務
人手不足対策	人手不足対策	専門的・技術的分野の外国人の受け入れ
2019年4月1日	2019年4月1日（実際の受け入れは準備段階）	2015年4月1日〜（在留資格の一本化）
「特定技能1号」	「特定技能2号」	「技術・人文知識・国際業務」
1年、6か月又は4か月ごとの更新、通算で上限5年まで	3年、1年又は6か月ごとの更新、上限なし	5年、3年、1年又は3ヵ月ごとの更新、上限なし
即戦力となる人材・技能実習2号修了レベル（「建設分野特定技能1号評価試験」あるいは「技能検定3級」、「日本語能力N4」レベル）	専門的・技術的分野と同等又はそれ以上の高い専門性・技能を要する技能（「建設分野特定技能2号評価試験」あるいは「技能検定1級」レベル、試験合格に加えて、班長としての実務経験を1〜3年以上有すること）	一定の学歴あるいは一定の職務経験
当初11職種、2020年2月28日追加7職種。計18職種の内、12職種が技能実習の対象職種。	受け入れ開始前のため、具体的内容については不明	建設では、施工監理、製図、設計などの分野（現場監理、CADオペなど）
(一社)建設技能人材機構(JAC)による人材紹介が可能（義務ではない）※有料職業紹介事業は不可		なし
政府間協力に基づき、入国前に機構と提携する建設職業訓練校等による技能教育、N4レベルの日本語教育を実施（6〜8カ月（想定））		なし
JACへの受入負担金納入訓練・試験コース：月2万5千円@人試験コース：月1万5千円@人試験免許コース：月1万2500円@人		なし
・国土交通大臣による受入計画認定・法務大臣による在留資格審査（支援計画策定も含む）・地方入管局への就労状況・支援状況の届出		・法務大臣による在留資格審査
適正就労監理機関(FITS)による巡回指導		なし
不可	可能	可能
自発的な意思に基づく転職は可能	自発的な意思に基づく転職は可能	可能

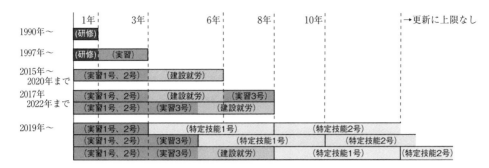

図1　建設分野における段階的な滞在期間の延長

注1：2010年以前は実習2年目以降の在留資格は「特定活動」であったが、この図では「実習」と記している。
注2：「建設就労」とは外国人建設就労者受入事業（在留資格は「特定活動」）を指す。
注3：2016年11月成立（2017年11月施行）「外国人の技能実習の適正な実施及び技能実習生の保護に関する法律」で技能実習3号が設置され、2017年11月「外国人建設就労者受入事業に関する告示の一部を改正する告示（平成29年10月23日）国土交通告示第947号」に伴う改正」において、建設就労者が2020年度末までに就労を開始した場合、最長で2022年度末まで従事可能となるとともに、建設就労修了後も技能実習3号に移行することが可能となり、最長8年に滞在期間が延長された。
出所：著者作成。

しかし、企業の移動は特定監理団体などにあらかじめ相談するなどと定められており、実際には業界の意向に左右されるマッチングの論理が存在している。また技能実習より報酬面で上回る建設就労者の受け入れ人数は、受入事業4年目が終わる2019年3月時点で、当初の想定である7万人をはるかに下回る6千人台であった。家族帯同は特定技能2号で認められているが、技能実習1号からの継続の場合、8年間は単身でいなくてはならないことになる。その間，技能実習1号から3号までの資格変更には、その都度、技能検定等の実技試験に合格しなければならず、特定技能1号に資格変更後も「1年、6カ月、又は4カ月ごとの更新」と反復的契約が継続される。加えて、2019年5月31日に「永住許可に関するガイドライン」が改定され、「原則として引き続き10年以上本邦に在留していること」という要件における「就労資格」から技能実習および特定技能1号が除かれ、その期間は永住要件に与されないことになった。専門的・技術的分野と同等またはそれ以上に高い専門性・技能が要件とされている特定技能2号であるが、そこに至る年数を考慮すれば、技術者などと比較して社会的権利が大幅に制限されていると言わざるを得ない。

　第三に、管理組織の拡充である。惠羅（2020）でも論じた通り、建設分野における「特定技能」在留資格をめぐっては手続きの厳格化が指摘できる。特に産業政策との接合である。その主な内容は、事前に国土交通省から受入計画の認定を受けなければならないこと、国内外からのすべてのルートにおいて業界横断的な単一組織である運営機構（一般社団法人建設技能人材機構（JAC）、2019年4月設立）の手続きを経なければならないこと、「建設キャリアアップシステム」への登録を技能実習・建設就労者・特定技能すべてに義務付けることなどである。加えて、建設就労者受け入れ事業の際に設立された監理機関（一般財団法人国際建設技能振興機構（FITS））による特定技能に対する巡回指導も定められており、新たな在留資格の新設が、関係団体の人員・組織拡大に繋がることは間違いない。移民産業という点では、技能実習における多数の監理団体に依存する分散的な構造から、特定産業を基盤とした業界利権に基づく集約的な構造への移行が企図されているともいえる。

　第四に、リクルートの問題である。特定技能は発案当初は仲介組織を排除し、企業による直接求人・直接雇用を念頭に仕組みづくりを目指すものであった。しかし、この意図は送り出し側との事前調整に基づいたものではなく、施行後の二国間交渉は難航している。送り出し側では、日本の建設分野における低い労働条件と高いリスクに関する情報は広まっており、失踪問題の発生は受け入れ企業側の問題が大きいと認識されている現状がある。建設分野では当初ベトナムとの調整が先行していたものの、二国間協力覚書（MOC）締結後にベトナム労働省海外労働管理局（DOLAB）による手数料や訓練の費用についてのガイドライン作成が遅れたために、国土交通省は2020年2〜3月に予定していた技能評価試験の実施を延期している[21]。費用負担と並んで、労働者の保護は送り出し・受け入れ双方にとっての重要課題である。小川・定松（2020）は、フィリピンやベトナムなどの主要送り出し国は、政府が送り出し機関を規制することで人の移動を保障する「政府規制型市場媒介移住システム」を前提としており、日本のように政府の規制も移住労働者への保護も弱い移住システムは、既に世界的関心を集める国際人権基準を大きく下回っていると指摘している（小川・定松2020）。筆者が改正入管法施行後に複数のベトナム送り出し機関で話を聞いた際にも、いずれの

関係者も、送り出し機関の技能実習生の保護に対する責任・コンプライアンス・信頼関係の重要性について強調する場面があった[22]。

3．日本の建設分野における移民労働者を取り巻く環境と受け入れをめぐる課題

（1）インフォーマル性と現場特性

　制度的観点から言えば、日本における受入れはインフォーマル性の拡大に一定の制限を課すものとなっている。雇用面でいえば、技能実習・建設就労者・特定技能いずれの場合においても、建設企業と労働者との間には、直接雇用契約（正社員）、月給制、社会保険加入、就業規則整備などの雇用条件が課せられており、しばしば請負や日給月給制である国内労働者を雇用するよりもハードルは高い。また、それらの在留資格は雇用契約を要件としているために、起業して経営者や下請事業主となることは想定されていない。ゆえに問題となるのは、むしろ建設産業全体を取り巻く変動性や過重労働、あるいは抑圧的な社会関係の存在である。

　著者が実施したベトナム送り出し機関への聞き取り調査では、建設業における働き方について以下のような問題点が聞かれた。一つは、労働酷使の側面である。特に通勤時間については繰り返し指摘された。建設労働は頻繁に現場が変わるが、通勤時間は1時間あるいは場合によっては2時間と拘束時間が長い上に、通勤時間は勤務時間に含まれず給料が支払われないのが一般的であり、送り出し国での感覚からすれば容易に納得が得られない。また休憩時間についても、一つの作業工程上の拘束時間が長くインターバルのない長時間労働をする場合があること、また小規模現場などでは車中や狭い現場の中で安全用具を身に着けたまま休憩時間を過ごすなど、十分な休息を得られず忍耐を強いられることが多い。その上、実習生からの訴えで多いのは、現場のチームリーダー兼指導員となる日本人の親方や職長からの言葉の暴力や身体的暴力である。受け入れ企業の経営者の良し悪しとは別に、現場のチームリーダーは気が短く、言葉遣いも粗い傾向にある。ある送り出し機関では、日本語教育センターで教材として用いられている建設関連の専門用語集（型枠足場）の中に、会話事例として「危ない！どけ」「おい、き

をつけろ」などの「命令」口調の項目を設けていた。工期に追われ安全と効率性の両立を迫られる現場で使われる日本語はしばしば短く罵声によって発せられるものである。実際に技能実習生の労災発生率は国内労働者と比べても高くなっている。このような就労環境の下、建設業は実習生の失踪が最も多い業種となっており、在留者数に占める割合も約7％と著しく高い[23]。制度からの逸脱という面では、建設分野は構造的にインフォーマル性と労働者の脆弱性の拡大という問題を抱えているといえる。

　また、居住環境面では、技能実習と建設就労者の場合、受け入れ企業または監理団体が適切な宿泊施設を確保しなければならないと規定されている。著者が国内調査から把握する限りでは[24]、建設分野では受け入れ企業が宿舎を確保しており、その形態は、企業の加工場等に隣接するプレハブ寮や、戸建て住宅、また民間賃貸あるいは自社物件のアパートなど様々である。実習生複数人による共同生活で自炊をしている場合が多く、給料から宿舎費が天引きされている。他の諸国で見られるような、大規模プロジェクト現場に隣接する大型宿舎施設への集住ではなく、実習生たちは地域的にも分散し、自転車などで地域の生活施設を利用しながら暮らしている。実際、建設分野における技能実習の受け入れ地域は、首都圏が4割以上を占めており、都市部とその郊外が多いと考えられる[25]。ただし、特定技能での受け入れにおいては土木分野が政策的重点として挙げられており、今後は全国・地方に広がる国土整備の現場での就労が拡大する可能性がある。その場合、利便性の悪い空間的に隔離された居住条件も想定される。日本の建設業では、歴史的に、日雇い労働市場・流動的労働市場と繋がる労務手配・供給のしくみである飯場制度が存在しており、ブローカーによる宿舎でのピンハネなどを含むグレーな領域が広がっている。特定技能での受け入れは監理団体を介さない代わりに、受け入れ機関あるいは「登録支援機関」（個人又は団体、2020年5月8日時点で法務省「登録支援機関登録簿」に4,309件登録）による支援の対象とされている。個別の支援体制となっているが、適正な居住環境を保障するためにも、社会統合政策としての居住支援施策や社会的サポートのあり方が問われているだろう[26]。現在、国土交通省が共生社会の実現に向けて推進しようとしている居住支援では、神奈川県居住支援協議会とNPO法人かながわ外国人すまいサポート

センターとの協力や、滋賀県居住支援協議会と協力不動産店の協力が事例として挙げられているが[27]、今後、建設分野に特有の空間的特性や全国に広がる現場を念頭に、更なる対応が求められていくだろう。

(2) 労使関係における位置づけ

職場代表権という意味では、日本の建設分野においては産別労使交渉機構および集団的労働協約が不在であるために、もともと建設労働組合の交渉力は弱い。また、現場に組合員による現場委員会などといったものは設置されていない。主要な建設労働組合は地域組織を基盤とするために職種別・企業別に労働者を組織化しておらず、建設国保等の加入業務を通じて外国籍の組合員がいたとしても、その実態を十分に把握しているとはいえない。したがって、これまで、外国人労働者による個別の問題解決はコミュニティユニオンなどの相談窓口に持ち込まれることが多く、日本の建設労使関係における移民労働者の位置づけという意味では、組織化と支援をめぐる運動は遅れてきたといえる。

技能実習生の拡大を受けて、特に首都圏では、建設労働組合による中小・零細事業主に対する情報提供や制度活用セミナーや、多言語ホットライン電話相談などの試験的取り組みが見られるようになっているものの、親方層を中心とした既存組合員へのアウトリーチが先行しており、外国人労働者のメンバーシップの拡大あるいはその就労・生活をめぐる問題解決を運動課題とするまでは至っていない[28]。その一方で、全国レベルでは、産業の受け入れスキームの構築に、建設労働組合が関与する流れが生まれている。例えば、建設労働組合の全国連合である全建総連[29]は、外国人にも登録が義務化された「建設キャリアアップシステム」の立ち上げ検討プロセスに加わっており、実施後の運営協議会に委員として参画し、申請窓口業務を委託されている。また、特定技能の対象職種に7職種（とび、建築大工など）が追加されたのを受けて[30]、2020年3月3日に全建総連は受け入れ制度の運営機構であるJACに正会員として入会を承認されている。設立当初よりJACの会員は主要な元請団体や専門工事業者団体のような使用者団体が中心であったが、新たに入会した全建総連が、建築大工等を中心とする業種・職種団体として、また労働組合として果たす役割については現時点では明らかではない。

　現場に目を向ければ、ここ数年で外国人労働者の受け入れ現場は急増してきたとはいえ、元請企業から下請の外国人労働者に対して、外国人であることやコミュニケーション能力・安全衛生を理由とした入場拒否が少なくない[31]。また、現場で外国人労働者は既存のヒエラルヒーに組み込まれており、日本人の実習指導員の下で、技能実習1号を新規入職者として、技能実習2号〜3号（3〜5年間）で一人前の職人となり母語を用いて新規入国者のサポートを期待される立場に立ち、また建設就労者になれば職長レベルで班あるいは現場管理を任される場合もある。建設就労者の場合、安全衛生管理施策において資格取得支援を実施する企業もあり、有用な資格としては、「玉掛技能者」「各種クレーン・デリック関連資格」「車両系建設機械運転技能者」「高所作業車運転者」などが挙げられ、資格手当などを通じて個々の処遇改善に結びついているケースもある[32]。全般的に言って、今後は就労履歴システムへの登録により、経験年数や取得資格に応じた技能水準の認定が得られることになってはいるが、それが賃金等の処遇に反映されるかどうかは、労使交渉というよりも職種ごとの目標年収の明確化と元請‐下請間、元請‐発注者間の調整による適正な請負価格の支払いによって進めるという政策方針が立てられている[33]。加えて、これらの技能者に関わる資格は国際標準ではない。国際的な建設労働市場において日本の技能実習修了者に対する需要は存在しているものの、それは送り出し機関の固有のネットワークなどに依存したものであり、多くの送り出し国で建設労働者の賃金・社会的地位が低いこととも合わせて、多国間における職種経験に基づいた上昇的移動の経路が明確に存在しているわけではない。

　これらのことから、日本の建設労働市場における移民労働者の拡大は、一概にインフォーマル性の拡大とそこへの包摂が規定路線であるとはいえないが、その一方で、フォーマルな秩序再形成の下での管理強化と支配従属関係の維持、労働・生活条件の向上や社会的上昇の経路の狭さ、それらに起因する制度からの逸脱や脆弱性の拡大といった側面が指摘できるだろう。

おわりに──今後の課題

　本稿では、建設労働市場のグローバル化がもたらす、インフォーマル性の拡大と移民労働者をめぐる問題について、国際的傾向から今日の特徴を整理するとともに、それらを念頭に置きながら、日本の事例を検討してきた。

　国際的に建設労働市場は拡大傾向にあり、移民労働者の需要も拡大していくことが予想されている。また建設労働は、人々が生命・社会活動を維持する上で、医療、通信、食料、輸送などと並んで、必須労働者（essential workers）であると認識されるようにもなっている（U. S. Department of Homeland Security 2020）。そのような領域において、建設労働者は様々なリスクに直面しながら生存のための労働を継続するが、それはしばしば保障の欠如と裏表の関係にあり、その中でも移民労働者は自らの健康安全と生計を天秤にかける不安定な就労状況に置かれていることが明らかとなっている（Hattam 2020）。本稿で見てきたように、諸外国の事例からわかるのは、建設業の国際化は、労働者の越境的な移動の拡大と合せて、既存の枠組みの溶解と新たな関係性の構築という課題を私たちに突き付けているという点である。インフォーマル性の拡大の下、安定的な産別労使関係の再構築が困難となっているなかで、建設分野においても、より広範な社会運動・労働運動への視点や、逆に労働過程の変容や個人の生活といったよりミクロの視点への着目が促されるようになっている。それらの視点は、社会学における労働研究がこれまで貢献してきた領域とも重なるものであろう。

　本稿で考察した日本の事例も、既存の産別システムが直面する限界を示すものである。2018年の入管法改定以来、日本の移民政策の転換は多くの報道と論考を生み出してきた。その関心の継続と体系的な議論に貢献するためにも、改正入管法それ自体だけでなく、歴史的、構造的、また比較社会的な視点などから分析を深める必要がある。本稿ではその問題意識から、日本の建設分野を事例に、その制度的特徴に起因する特有の受け入れ文脈を再検討した。その結果、日本の移民労働者をめぐるインフォーマル性と労使関係変容について、管理強化や構造的抑圧といった側面について指摘を行ったが、一方で社会関係の変容の内実に迫るミクロの視点からの分析が十分になされたとはいえない。よって、本テーマにお

いて今後検討が求められている領域として以下の点を挙げたい。一つ目は、移民労働者自身のキャリア形成や生活史、そして世帯戦略の側面である。二つ目に、労働過程から見た社会関係および技能の変容を明らかにすることである。三つ目に、本稿で焦点を当てた一時的在留カテゴリーだけでなく、永住者・定住者等を含む中長期的移住システムとの関係や専門的・技術的分野との関係である。労働社会学において建設労働を取り上げる研究者は多いとはいえないが、本稿があらためて当分野への関心を提起し、構造的問題に対峙するための示唆を得られれば幸いである。

〔付記〕

　本研究は、JSPS科研費18 K01970、19 H00607の助成を受けたものである。

〔注〕

1　2013年の時点で建設分野は世界のGDPの13％を占め、2020年までに15％までに拡大すると予測されている。特に、中国、インド、米国の成長が見込まれている。また2030年までには、アジア太平洋地域、なかでも中国に続いてインドやASEAN諸国の成長が見込まれている（Global Construction Perspectives and Oxford Economics, 2013, 2015）。また世界トップ建設企業における国外での建設生産の割合は増加しており、それら建設企業の総売上の3割を三つの中国系グループ企業が占めている（Deloitte 2018）。

2　中小企業庁「中小企業の企業数・事業所数」、「2表　産業別規模別従業者総数」2016年数値参照（https://www.chusho.meti.go.jp/koukai/chousa/chu_kigyocnt/181130kigyou4.pdf, 2020年1月31日アクセス）。

3　国土交通省作成資料「全国大臣・知事別許可業者数の推移」ならびに厚生労働省『外国人雇用状況』の届出状況」参照。

4　2020年3月末時点で国土交通省から「特定技能」での受け入れを認可されたのは、232社・504人である（日刊建設工業新聞、2020年4月13日掲載記事「国交省／特定技能外国人受け入れ計画認定状況／累計232社・504人に」参照）。

5　外国人技能実習機構（OTIT）ウェブサイト（https://www.otit.go.jp/）、厚生労働省ウェブサイト（https://www.mhlw.go.jp/index.html）、法務省ウェブサイト（http://www.immi-moj.go.jp/）掲載情報、ならびに法務省出入国在留管理庁「新型コロナウイルス感染症の影響により実習が継続困難となった技能実習生等に対する雇用維持支援について」（令和2年4月17日）など参照。

6　この国外派遣労働者の数値には、派遣自営業者、二国以上で就労する労働者や自営業者、公務員など多様なカテゴリーが含まれており、移動形態の複雑性が反映されたものとなっている。

7　改定内容は、受け入れ国の労働者との均等賃金や、派遣期間の2年から1年への短縮（6カ月までの延長が可能）とそれを超過した場合の通常の労働者と同様の受け入れ国の労働法や社会保険制度の適用、ペーパーカンパニー（letterbox company）への対応など、規制内容を強化したものとなっている。

8　その帰結として、例えばドイツでは、1998年から2004年の間に建設生産に携わる労働力の中で、建設職種が占める割合が55％から46％に減少し、サービス職種が29％〜38％に増加している。また英国では、1970年から2005年の間に直接雇用者数が増減率マイナス34％と減少する一方で、自営業者は75％増となっている。英国では、新規入国移民であっても容易に税務署から発行される自営業許可を受けられ、結果として、現場建設労働者の60％が労務下請業者の下での「偽装的」自営業者となっている。（Cremers2009）

9　受け入れ諸国における移民の社会統合と技能の関係については、既に別稿において、移民政策における技能概念や日本の建設業において技能の基盤となっている社会関係に焦点を当てて論じた（惠羅2019）。

10　国土交通省公表数値「建設投資、許可業者数及び就業者数の推移」参照。

11　国土交通省「建設労働需給調査結果（令和2年3月調査）」参照。

12　日本の海外インフラ受注額は、2010年約10兆円、2016年約21兆円と拡大しており、2020年の目標は約30兆円とされる。近年ではアジアとアフリカの「連結性」を向上させることを目指すインド太平洋地域の重点化が言われている（国土交通省「国土交通省インフラシステム海外展開行動計画2019」参照）。

13　2017年時点で、建設業就業者の34.1％が55歳以上（全産業同29.7％）、29歳以下は11.0％（全産業同16.1％）となっている（総務省「労働力調査」参照）。

14　国土交通省公表数値「年齢階層別の建設技能者数・建設業への入職状況」（総務省「労働力調査」および文部科学省「学校基本調査」を基に国土交通省推計）参照。

15　国土交通省建設産業活性化会議、第2回（2014年1月30日）資料2「建設産業の人材確保・育成方針」（（一財）建設業振興基金）参照。

16　国土交通省建設産業活性化会議、第4回（2014年3月28日）資料3「関西鉄筋工業協同組合提出資料建設産業活性化会議〜建設産業の担い手確保・育成〜」、「2.職人が辞めていった理由とその背景」参照。

17　一般社団法人日本建設業連合会「再生と進化に向けて―建設業の長期ビジョン」（2015年3月）p2より引用。

18　関係閣僚は以下の6名―谷垣法務大臣、岸田外務大臣、下村東京オリンピック・パラリンピック担当大臣、田村厚生労働大臣、太田国土交通大臣、古屋国家公安委員会委員長―である。

19　国土交通省建設産業活性化会議、第2回（2014年1月30日）資料4「外国人技能実習生等の活用促進について」参照。

20　外国人建設就労者受入事業の政策的背景については、既に別稿において、段階的な越境的制度構築の分析と共に論じた（惠羅2018）。

21　2020年3月27日DOLABは特定技能労働者送出機関宛に「日本への特定技能労働者提供

契約と労働者派遣契約について」を発出、日本語教育費と技能訓練費の全額は日本側が負担すること、送出機関は教育訓練費を労働者本人から徴収しないこと、またサービス手数料の目安などについて要請している。（在越日本国大使館ホームページ「日本への特定技能労働者提供契約と労働者派遣契約について（当館仮訳）」[https://www.vn.emb-japan.go.jp/files/100045972.pdf、2020年5月15日アクセス]参照）

22　2020年2月4日〜8日実施、ベトナム・ハノイにおける送り出し機関3社に対する聞き取り調査から。

23　技能実習生による失踪の業種別比率は、建設業36％、農業17％、繊維・衣服10％、食品製造10％、機会・金属9％、漁業1％、その他17％であり、在留者数に占める失踪者数の割合は、全業種で2.75％、建設業で7.06％である（国土交通省「外国人材受入れ制度の見直しについて」（平成31年2月15日）－参考資料「適正かつ安定的な賃金支払いの必要性」掲載平成29年法務省・厚労省データ参照）。

24　著者が2015年度以降に国内で実施した事業主調査結果より。詳細な記述・分析については、惠羅（2016、2018）を参照のこと。

25　厚生労働省「『外国人雇用状況』の届出状況」参照。

26　国土交通省は、公営住宅に対して日本人と同様に外国人の入居を認めるよう地方公共団体に要請を実施するとともに、民間住宅については、不動産関係団体宛に「外国人の民間賃貸住宅入居円滑化ガイドライン」の周知等の協力を求める通知を出している（2018年12月25日）。また、2019年4月23日には、多文化共生総合相談ワンストップセンター等に対して、出入国在留管理庁と連名で居住支援協議会等との連携を要請する通知を出している。（外国人材の受入れ・共生に関する関係閣僚会議（第6回）資料2-4「「外国人材の受入れ・共生のための総合的対応策」及び「外国人材の受入れ・共生のための総合的対応策の充実について」の進捗状況について」（令和元年12月20日）参照。）

27　国土交通省「外国人材の受入・共生に係る居住支援について（要請）」（平成30年12月25日）参考資料参照。

28　別稿でも、移民労働者をめぐる建設労働組合のスタンスや労使関係について補足的に触れている。（惠羅2020、注17など参照）

29　全国建設労働組合総連合。1960年に設立された建設労働組合の全国連合で，62万人を超える組合員規模を持つ（2017年12月末時点）。

30　「建設分野における特定技能の在留資格に係る制度の運用に関する方針（改正）」（令和2年2月28日閣議決定）参照。

31　国土交通省、第1回建設分野技能実習に関する事業協議会（平成30年3月26日）、「資料6　建設分野における技能実習の実態について」p8「下請け工事の建設現場への入場に関する拒否状況」参照。

32　国土交通省「外国人建設就労者受入事業について」p14「外国人建設就労者への手当について」p15「安全衛生管理施策について」（https://www.mlit.go.jp/common/001203074.pdf、2020年5月15日アクセス）参照。

33　日刊建設工業新聞、2020年1月10日掲載記事「国交省／技能者の職種ごとに処遇目標設

定へ／技能レベルに応じた年収の明示促す」参照。

〔参考文献〕

Awad, I.（2009）*The Global Economic Crisis and Migrant Workers: Impact and Response*. ILO, Geneva.

Bosch, G., and Philips, P.（2003）*Building Chaos: An International Comparison of Deregulation in the Construction Industry*. Routledge.

Buckley, M., Zendel, A., Bigger, J., Frederiksen, L., and Wells, J.（2016）*Migrant Work and Employment in the Construction Sector*. ILO, Geneva.

Burawoy, M.（2008）"The Public Turn: From Labor Process to Labor Movement," *Work and Occupations*, 35（4）: 371-87.

Chan, P.W., and Räisänen, C.（2009）"Editorial: Informality and Emergence in Construction," *Construction Management and Economics*, 27: 907-912.

Cremers, J.（1994）"The Posting Directive: Origins and Assesment," B. Köbele andJ. Cremers eds., *European Union: Posting of Workers in the Construction Industry*, Bonn, WehleVerlag.

Cremers, J.（2009）"Changing Employment Patterns and Collective Bargaining: the Case of Construction," *International Journal of Labour Research*, 2009-1（2）: 201-217.

Cremers, J.,Dølvik, J. E., and Bosch, G.（1994）"Posting of Workers in the Single Market: Attempts to Prevent Social Dumping and Regime Competition in the EU," *Industrial Relations Journal*, 38（6）: 524-541.

Deloitte（2018）*GPoC 2017 Global Powers of Construction*.

惠羅さとみ（2016）「建設労働市場のグローバルな統合と技能再生産のジレンマ―移民拡大をめぐる制度的実践」2015年度〜17年度科学研究費補助金初年度報告書［改訂版］.

惠羅さとみ（2018）「高齢化する転換期の労働社会と移民労働者―建設分野における日越間の越境的制度構築を事例に」『労働社会学研究』19: 1-19.

惠羅さとみ（2019）「熟練技能形成と社会統合―建設業における移民労働者受け入れをめぐる一考察」『アジア太平洋研究』44: 3-22.

惠羅さとみ（2020）「改正入管法後の制度形成をめぐる分析―建設分野における制度の併存がもたらすもの」『移民政策研究』12: 9-27.

European Federation of Building and Woodworkers: EFBWW（2013）"EFBWW Study: Temporary Migrant Workers in the Construction Industry in EU," *CLR News*, No.4.

European Commission（2017）"Posting of Workers: Report on A1 Portable Documents issued in 2016."

Global Construction Perspectives and Oxford Economics（2013）*Global Construction 2020*.

Global Construction Perspectives and Oxford Economics（2015）*Global Construction 2030*.

Hattam, J.（2020）"Across the World, Construction Workers are Caught between Coronavirus Risk and Joblessness," Article on 1 May 2020, Equal Times.（https://www.equaltimes.org/acrossthe-world-construction?lang＝en＃.Xqf-s6hKjIU, 2020年5月2日アクセス）

Iskander, N., and Lowe, N.（2013）"Building Job Quality from the Inside-Out: Mexican Immigrants, Skills, and Jobs in the Construction Industry," *ILR Review* 66（4）: 785-807.

ILO（2020）"Labour Migration at the Time of COVID-19: Protecting the Vulnerable Means Protecting All," Article on 16 April 2020, International Training Centre of the ILO.（https://www.itcilo.org/stories/labour-migration-time-covid-19, 2020年5月2日アクセス）

IOM（2020）*World Migration Report 2020*.

建設経済研究所（2019）『建設経済レポート（日本経済と公共投資）』No.71（2019年4月）.

Marino, S., Penninx, R., and Roosblad, J.（2015）"Trade unions, Immigration and Immigrants in Europe Revisited: Unions' Attitudes and Actions under New Conditions," *Comparative Migration Studies*, 3（1）: 1–16.

小川玲子・定松文（2020）「在留資格「特定技能」の制度化の実態―介護分野に関するフィリピン・ベトナム調査からの発見と考察」『移民政策研究』12: 28-48.

Rainbird, H., and Syben G., eds.（1991）*Restructuring a Traditional Industry: Construction Employment and Skills in Europe*. Berg.

Tutt, D., Pink, S., Dainty, A. R. J., and Gibb, A.（2013）" 'In the Air' and Below the Horizon: Migrant Workers in UK Construction and the Practice Based Nature of Learning and Communicating OHS," *Construction Management and Economics* 25: 87-93.

U. S. Department of Homeland Security（2020）"Guidance on the Essential Critical Infrastructure Workforce: Ensuring Community and National Resilience in COVID-19 Response"（Version 3.0）April 17, 2020.

Walsch C. N. ed.（2011）*The Davis Bacon Act: Background, Issues, Evolution*. Nova Science Publishers, New York.

Wells, J.（2007）"Informality in the Construction Sector in Developing Countries," *Construction Management and Economics*, 25:87-93.

————— 日本労働社会学会年報第31号〔2020年〕—

興行と介護の移住女性労働者
——在日フィリピン人の経験から——

高畑　幸
(静岡県立大学)

1. 問題設定

　本稿の目的は、日本におけるフィリピン人女性を事例として、日本の対人サービス産業での外国人女性の労働のありかたを考えることにある。一般消費者を対象とする対個人サービスは、家族や地域社会が解体する中で、そこに内部化されていた家事や育児介護、遊興等の活動が、保育や家事サービス、宿泊施設、飲食店、介護の形で産業化したものとされる（津崎2018）。これは再生産領域の労働と重なる部分が多い。日本の労働市場においては1980年代から現在まで個々の産業分野により限定的にその門戸が外国人労働者に開かれてきた。その中でもいち早く開かれたのが1980年代からの興行労働であり、そこでは多くのフィリピン人女性が従事していた。彼女らは日本の外国人女性労働者の先駆者であり代表者だと言える。本稿では、1980年代後半からの日本におけるフィリピン人女性たちの労働とそこで発生した社会問題、その後の定住を振り返りつつ、2019年からの外国人労働者受入れ拡大政策のなかで今後、移住女性たちが直面すると思われる課題を考えていきたい。なお、以下の論述は1990年代前半より現在までの、研究者としてのフィールドノートに加え、フィリピン語通訳者としての経験に基づくものである。

2. 在日フィリピン人と労働に関する先行研究

　はじめに本稿の対象である在日フィリピン人の労働に関する先行研究について

まとめておく。彼（女）らの出身国フィリピンは1970年代半ばから海外就労奨励政策をとっており、当初は中東などへの男性労働者の送出が主だった。しかし、1990年代からは東アジア諸国（シンガポール、香港等）への家事労働者をはじめとする女性労働者の送出も増加した。この時代のマクロなトレンドは、移住労働者の女性化および海外就労者の技能評価制度の策定に伴う家事労働の技能化である（小ヶ谷2016）。英語が堪能なフィリピン人女性はアジアにおける移住家事労働者の先駆けであった。先駆的に海外就労奨励政策をとったフィリピンは他国に比べて労働者の技能評価と受入れ国との交渉力を持ち、例えば香港の家事労働市場ではフィリピン人労働者は他国出身者に比べて良い条件で働くことができていた。

　しかし、移住労働者の女性化という流れの中でも、フィリピンから日本への女性興行労働者の送出と受入れは異彩を放つ。それは、学歴不問・容姿端麗で選ばれた10代後半から20代前半という若年女性が、女性性が商品化される、時として人身取引的な労働環境に置かれながら半年間の契約労働を繰り返したからである。1990年代には日本においてフィリピン人女性興行労働者をめぐる社会問題が多発した結果、2005年の法務省令改正で興行労働者の雇用は急激に縮小した（バレスカス1994, 津崎2010, Parrenas 2010, 阿部2011, 大野2017）。

　ちょうど興行労働者の大量雇用が収束した頃に始まったのが、二国間協定による介護労働者の送出と受入れである。これが、日本において外国人が「労働者」として公式ルートで対人サービス労働に従事する契機となった。2009年から経済連携協定（EPA）によりフィリピン人介護福祉士候補者が来日をはじめたが、来日から3年後に日本語で介護福祉士試験を受けるというハードルは高く、中途帰国して日本から中東や北米へと多段階移動をするケースも見られた（高畑2014; 2018a）。もうひとつの対人サービスとして、2016年には「女性活躍」政策に合わせて国家戦略特区（東京、神奈川、大阪等）において外国人家事労働者の受入れが始まった。戦後、1950年代から外交官や多国籍企業の社員等、在日外国人宅において縁故採用で働く家事労働者にフィリピン人が多かったのだが（Tenegra 2006, 定松2019）、2016年からは二国間協定により主に日本人宅で外国人家事労働者が働く時代が始まった（ただし住み込みは不可）。ここでも、労働者の送出に先鞭をつけたのは家事労働者の育成、技能評価と送出経験が豊富な

フィリピンであった。同国は1990年代から始まる東アジア諸国でのケア労働者需要を満たす人材を育成し続け、国家を挙げて「英語が堪能で明るい女性労働者たちはケアに向く」と価値づけた（伊藤他2005, 定松2018）。その延長上に日本への介護および家事労働者送出がある。

一方、日本で働くフィリピン人の労働相談や労働組合活動には、興行労働者やケア労働者等、就労可能職種が限定されて来日する労働者はほとんど参加できなかった。代替として、在日フィリピン大使館・領事館の労働事務所（労働雇用省の出先機関）が彼（女）と雇用者との間のトラブル解決を担当する役割を担った。組合活動に参画してきたのは、日本人とのつながり（婚姻関係、縁戚関係）で定住・永住資格を得た結婚移民や日系人が多い（伊藤・崔・高畑2015, 高畑2018b）。彼（女）らは就労できる職種に制限はなく、長期滞在できる在留資格を持つことから転居・転職も可能のため、雇用者に対して声を上げることに躊躇

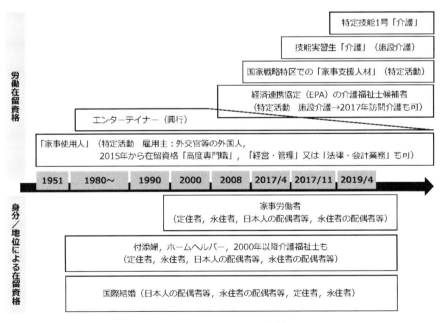

図1 再生産領域の移住女性

出典：定松（2019）。

がないのである。

　以上をまとめると、日本においては多種多様な再生産労働にフィリピン人が従事してきたことがわかる。**図1**は再生産領域の移住女性を受入れ時期と在留資格により示したもの（定松 2019）だが、この図にあるすべての領域にフィリピン人が従事してきた。そこで、本稿では、1980年代から現在までのフィリピン人女性が従事してきた興行と介護分野の労働に焦点を当て、移住女性労働者特有の課題を明らかにしたい。

3．日本におけるフィリピン人──労働者から定住者へ

（1）定住・永住資格を持つ女性の多さ

　はじめに、日本におけるフィリピン人について統計的に概観をしておきたい。在留外国人統計（2018年末現在）によると、フィリピン人在留者は27万1289人にのぼり（**表1**）、国籍別人数では中国、韓国、ベトナムに続いて第四位である。

表1　フィリピン人の在留資格別人数（2018年末現在）

	在留資格	実数	割合
身分資格	永住	129,707	47.8%
	定住	52,008	19.2%
	日本人の配偶者等	26,322	9.7%
	永住者の配偶者等	6,155	2.3%
	特別永住者	48	0.0%
活動資格	技能実習	30,321	11.2%
	特定活動	8,574	3.2%
	技術・人文知識・国際業務	7,083	2.6%
	家族滞在	3,386	1.2%
	留学	3,010	1.1%
	企業内転勤	1,634	0.6%
	教育	980	0.4%
	技能	661	0.2%
	興行	650	0.2%
	その他	750	0.3%
合計		271,289	100.0%

出典：法務省・在留外国人統計から筆者作成。

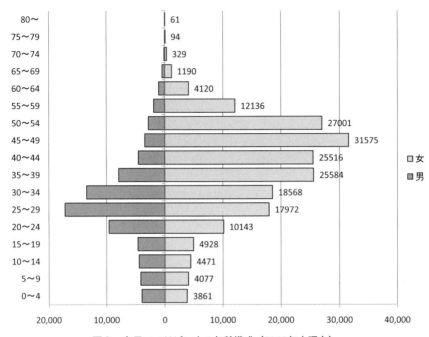

図２　在日フィリピン人の年齢構成（2018年末現在）

出典：法務省・在留外国人統計[1]から筆者作成。

　さらには、ジェンダーと年齢の偏りが大きく、女性が７割に上り年齢層では50歳前後が多い（**図２**）。詳しくは後述するが、在日フィリピン人に女性が多い理由の一端は彼女らの日本での初職にある。在留資格では、日本人の配偶者や日系人等、日本とのつながりにより取得でき、就労職種に制限がない身分資格の在留資格が多いことが特徴である。そして永住者が48％をしめることから、今後も日本で長期滞在を続け、いずれは日本で老いていくフィリピン人女性が多いことが推測できる。

（2）戦後から興行分野で活躍

　はじめにフィリピンと日本との間の人の流れについて振り返っておこう。**表２**は、フィリピン人を中心とした興行と介護労働の歴史的経緯を示したものである。

表2 フィリピン人を中心とした日本における興行と介護の外国人労働者

	人口変動	興行				介護			
		需要構造・法整備	労働力供給	資格認定	労使関係等	需要構造・法整備	労働力供給	資格認定	労使関係等
明治維新以後	増加（3千万→5千万）		国内人材、フィリピン人ジャズ演奏家（主に男性）		出演店／興行会社との契約		家族・女中（国内出稼ぎ）		
第二次世界大戦前後	増加（7千万→8千万）				同上		同上		
第二次世界大戦後～高度経済成長	増加（8千万→1億2千万）	進駐軍向けの興行→企業による接待	国内人材、フィリピン人バンド（男性・女性）		同上	1963年老人福祉法（特別養護老人ホーム、老人家庭奉仕員の派遣等）	家政婦（主に国内出稼ぎ）	無資格、個人宅での就労（住み込み・通い）	個人契約、家政婦紹介所経由
1980年代後半以降（円高・出稼ぎ外国人増加）	微増（1億2400万→1億2600万）	企業による接待・個人顧客。1989年入管法で在留資格「興行」	国内人材、フィリピン女性エンターテイナー（急増）	1995年フィリピンで技能認定試験、ARB（芸能人記録手帳）制度開始	送出・受入国の仲介業者と政府が関わる送出・受入れ構造確立	1989年「高齢者保健福祉推進十カ年戦略（ゴールドプラン）」	家族・家政婦・病院の付添婦（日本国籍者、在日コリアン・日系人・結婚移民）	無資格、個人宅での就労（住み込み・通い）	個人契約、家政婦紹介所経由、1986年全国福祉保育労働組合
2000年代（介護保険導入以降）	2004年をピークに減少	企業の接待文化縮小、個人顧客増加	国内人材、フィリピン女性エンターテイナー（増加）	上記制度の利用	上記構造の利用	1999年介護休業制度が法制化。2004年医療福祉分野の人材派遣解禁	家族・介護士、在日コリアン・日系人・結婚移民等の定住者。2000年代半ばには日フィリピン人の介護研修ブーム	無資格、ホームヘルパー2級、介護福祉士。介護事業所での雇用、在宅または施設で就労	介護保険事業所での雇用、2000年UAゼンセン日本介護クラフトユニオン
2008年以降（外国人介護人材導入期）	人口減少	2005年の法務省令改正でフィリピン女性エンターテイナー激減、東欧系女性エンターテイナー微増	同上	同上	同上	2008年EPAによる看護・介護人材受入れ。2017年介護の技能実習・在留資格・介護を創設。2019年在留資格「特定技能」、介護分野を含む	家族・介護士、在日コリアン・日系人・結婚移民等の定住者、介護人材として来日した外国人	無資格、介護職員初任者研修（旧ホームヘルパー2級）、介護福祉士。介護事業所での雇用、在宅または施設で就労	介護保険事業所での雇用、2016年介護・保育ユニオン

出典：内閣府・総務省・厚生労働省資料[2]、Yu-Jose (2002)、津崎 (2010) をもとに高畑作成。

20世紀初頭、アメリカ統治下のフィリピンへ日本から農業移民が渡り、現地の女性たちと結婚して土地取得をしながら日系社会を拡大した。終戦時はフィリピンで約3万人の日系社会（妻子を含む）が形成されていたという。他方、アメリカが英語を教授言語として公教育を普及させていたフィリピンは、日本にとってはアジアにおけるアメリカ文化（音楽、スポーツ等）の中継地ともなっていた。戦前の日本では、上海経由で来日したフィリピン人歌手による演奏会や、フィリピン人プロボクサーが来日して日本人選手と対戦する等の興行が行われていたが（Yu-Jose 2002）、それがさらに拡大するのは戦後である。

　日米の戦場となったフィリピンでは戦後に反日感情が強かったが、1956年に日比国交回復が実現し両国間の人の往来が復活した。その後、1970年代にかけてはフィリピン人演奏家が来日して各地の米軍基地や都市部のダンスホール、ナイトクラブ、高級ホテルのラウンジ等で演奏するようになった。後に日本でディスコが流行るとフィリピンバンド（主に男性）が活躍し、それに代わるように1980年代に登場したのが女性の興行労働者であった。フィリピンバンドを養成し海外へ送り出していた現地の仲介業者が次なる「人材」として女性ダンサーや歌手を育て、日本の仲介業者と組んで彼（女）らを各地のショーパブに送り込み、いわゆる「フィリピンパブ」が普及していった。比較的安価で遊べるフィリピンパブはブルーカラー層の労働者たちを含めた男性の遊び場となり、日本の津々浦々で開店が相次いだ。これはフィリピンが海外労働者送出を拡大させていた時期とも重なる。そして興行労働者の多くが後に日本人客と結婚して結婚移民となり定住することとなった。その後、2005年の法務省令改正で興行ビザによる入国者は減っていく。詳細は後述する。

（3）2000年代から介護分野での受入れが増加

　2000年の介護保険制度発足後、結婚移民等の定住外国人が介護職に就き始めたが、2000年代後半からは「介護目的で来日する労働者」が増えていく。2009年から日比経済連携協定で看護師・介護福祉士候補者（在留資格「特定活動」）が来日したのをはじめ、2017年には介護の技能実習生（在留資格「技能実習」）、および介護福祉専門学校を卒業した介護福祉士（在留資格「介護」）、2019年か

らは特定技能の労働者（在留資格「特定技能1号」）として働く人たちがいる。厚生労働省の「外国人雇用状況の届出状況まとめ」（2018年10月末現在）によると、外国人労働者は146万0463人で、医療・福祉分野（介護を含む）で働く外国人26,086人のうちフィリピン人が8,418人（32.3％）と、国籍別で最多である[3]。これは、定住外国人と2009年以降に来日した介護人材の両方でフィリピン人が多いことを表している。

（4）日系人の労働者

　比較対象として、興行と介護以外で働く在日フィリピン人労働者についても目配りしておきたい。1990年の改正入管法施行で日系3世に長期滞在資格（在留資格「定住者」）が与えられると、南米出身の日系人と同様にフィリピンからも日系人が家族単位で来日し、主に製造業に従事した。通常、来日から5年程度で永住資格を取得できる。南米出身の日系人が1990年から多数来日したのに対して、フィリピン人の来日は遅かった。戦後に反日感情があったフィリピンでは日系人が身元隠しを行っており、日系人の身分を証明する戸籍を焼失した家族が多かったためで、フィリピン日系人の来日が本格化するのは2000年代に入ってからであった。彼（女）らは学歴および日本語能力不問で来日でき、日本での活動に制限はなく職業選択の自由があるのだが、実際には日本語能力の問題から派遣会社を通じて日本語の読み書きを必要としない工場労働に就くことが多い（高畑2018）。

（5）高度人材

　日本においてフィリピン人の高度人材は少ない。おそらくその理由は留学生が少ないことにあるだろう。表1に示したとおり、2018年末現在、在留資格「留学」のフィリピン人は3,010人にすぎない。また、大学卒業者に与えられる在留資格「技術・人文知識・国際業務」で滞在するフィリピン人は7,083人である（在留外国人統計、2018年末現在）。この数には、日本だけでなくフィリピンで大学を卒業して日本国内の企業で働く人びとも含まれる。情報処理の技術者等、さまざまな職種の大卒人材がこの7,083人に含まれるとしても、結婚移民や日系人に比べるとその数は少ないと言えるだろう。

　以下では再生産分野の労働に絞り、フィリピン人女性労働者に顕著な、興行および介護分野での就労について詳しく見ていく。

4．労働政策外の興行ビザ

(1)「専門職」としての就労

　フィリピン人の興行労働者は、日本の「外国人労働者」の先駆者である。多数のフィリピン人女性が従事した興行労働の業務領域は、夜間営業の遊興施設(キャバレー、ショーパブ等)においてダンスと歌唱を中心とするパフォーマンスの提供を行い、幕間の時間を使って客との歓談を行うことである。彼女らは「労働者」ではなく「芸能人」として、外国人特有の技能を生かす専門職だとみなされた。例えば、フィリピン民族舞踊ショーは日本人にはできないためフィリピン人を来日させる必要があるというロジックだ。そのため受入国の日本では外国人労働者受入れ「政策」を作る必要はなく、さらには年間の労働者受入れ人数の上限はないまま受入れが続いた。

　上述の通り、戦前から音楽家等、興行に従事するフィリピン人の来日は少数ながらあったのだが、それが本格化したのは1989年、在留資格「興行」(最長6か月)が創設されたことに端を発する。そして1990年代の主たる外国人労働者受入れ枠が「興行」であった。例えば、1997年末現在の外国人登録者総数は148万2,707人で、就労可能職種の在留者合計10万7,298人中、「人文知識・国際業務」での滞在者が2万9,941人に次いで「興行」の滞在者が2万2,185人であった。当時は大卒専門職の労働者と同程度の数の興行労働者がいたのである。前者は1年以上の滞在も可能だが、後者は最長6か月なのでローテーション方式で常に新規入国者がいたことになる。

(2) 労働者送出と受入れのシステム

　図3は、両国政府と民間の仲介業者が介在する送出・受入れのシステムを示したものである。フィリピンと日本の両国で政府機関が関与しており、フィリピン政府は労働者の技能認定と送り出し側の仲介業者の認定と監視を担当し、日本政

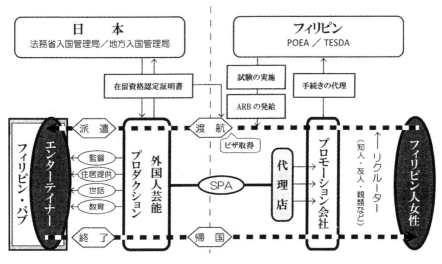

図3　フィリピン人エンターテイナーの移住システム
出典：阿部（2011）。

府は労働者の在留資格審査を行う。1990年代前半まではフィリピンにおいて興行労働者（ダンサー、歌手等）の年齢要件や技能認定は比較的緩かった。当時は短期間の訓練を受けた10代の女性でも日本へ出稼ぎに行くことができた。筆者が2010年にマニラでリクルーターの日本人男性にインタビューしたところ「あの頃（1990年代）は、とりあえず若い女だったら誰でも日本に行けた」と話していた。しかし、興行労働者が被害者となる事件（日本での不審死等）が相次ぎ、フィリピン政府は自国民を保護する観点から興行労働者としての送り出し要件の基準を引き上げることとなった。1995年、フィリピン海外雇用庁は日本の興行ビザによる就労可能年齢を23歳以上とし、Artist Record Book（ARB）制度を導入した。これは船員手帳に似た芸能人用の記録手帳で、研修から技能認定（学科・ダンス）、フィリピン国外での就労記録（期間、就労国、仲介業者名、出演店名等）を記録した手帳を労働者本人が持ち職歴証明とする。労働契約や日本の興行ビザ取得、フィリピンから日本への渡航時の空港での出国審査にこの手帳が必要となった。

　両国の政府ベースでは、日本側は法務省入国管理局が在留資格審査を行い、ビザを発給する。フィリピン側は労働雇用省の海外雇用庁（Philippine Overseas Employment Administration = POEA）が職業あっせんを行い、技術教育技能教育庁（Technical Education and Skills Development Authority = TESDA）が技能訓練とその認定を行う。フィリピン各地にTESDAの認定を受けた技能訓練校がある。

　民間ベースでは、日本側は出演店（フィリピンパブ）と外国人芸能プロモーターが介在する。前者は就労場所を提供し、後者はフィリピン側の代理店との間で委任状（Special Power of Attorney = SPA）を交わして労働者のビザ取得代行をするほか、労働者に日本での住居を提供し、日々の世話を行う。フィリピン側はプロモーション会社が各地のリクルーターを通して女性を集め、通常は3か月程度、日本語や日本文化等の授業に加えてダンスや歌唱の訓練を行い、上記TESDAの試験を受けさせ、海外就労が可能な芸能人（Overseas Performing Artist = OPA）として認定してもらう。なお、この訓練期間にかかる経費（生活費、インストラクターや振付師の賃金等）や日本への渡航費はプロモーターが労働者に前貸しをしており、日本で働いて得る賃金から天引きするのが常である。

　雇用主である日本の出演店オーナーおよびプロモーターの社員は定期的にフィリピン側のプロモーション会社を訪れ、TESDAの試験に合格した労働者を対象にオーディションを行い、次に雇用する女性を選んで帰国し、ビザ取得のための手続きは現地および日本側の仲介業者に任せる。興行ビザは最大6か月の滞在が可能だが、ひとりの労働者が何度でも来日し働くことが可能だ。労働者側にとっては、一度目の来日で働いた店で客からの評判と売上が良く、オーナーに気に入られると、6か月後にビザが切れて帰国してもまた同じ店とすぐに次の労働契約を結び（店から「リクエストがかかる」と呼ぶ）再来日して働くことができる。通常、就労回数を重ねるごとに賃金が上がる（例：1回目は月500ドル、2回目は600ドル）。

　そして図4が示す通り、在留資格「興行」には受入れ人数制限が設定されなかったため、このビザによるフィリピン人入国者数は2004年には最大値の約8万人にふくれあがった。

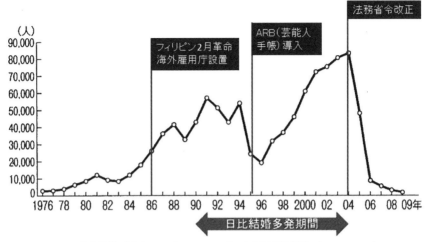

図4　在留資格「興行」によるフィリピン人入国者数推移（1976-2009）

出典：津崎（2010）に高畑加筆。

（3）親密さの商品化

　在留資格「興行」で来日する労働者は、学歴不問かつ転職不可である。例えば香港やシンガポールへ家事労働者として出稼ぎに行く場合は英語での意思疎通が必要とされるため、少なくともハイスクール卒業（教育歴10年）が必要とされる。ところが興行ビザでは小学校卒でもハイスクール中退者でも就労可能なので、日本の興行労働市場はフィリピンの貧困層出身かつ低学歴の女性たちに海外就労の機会を作ることとなった。そして、転職不可であることから、日本での就労先に到着してから雇用契約と違う環境に置かれても労働者には逃げ場がない等のリスクを抱えることとなった。

　労働者の日常を素描してみよう。6か月の日本滞在中、労働者たちは出演店の近くにある寮での集団生活を送り、日本側の芸能プロモーター（仲介業者）が出演店への送迎を行う。6か月の日本滞在中、労働者には最低限の生活費または食料の現物支給と売り上げに応じた各種手当が毎週支払われるだけで、6か月分の賃金（1回目の就労では通常月500ドルだが経験年数により上昇する）とは帰国

前に空港で現金で払われるのが慣例である。興行労働者は出演店において日本人男性客に「一種の疑似恋愛を楽しませながら店に金を落とさせる」ことが仕事であり、プロモーターは常に興行労働者と男性客が親しくなりすぎないよう管理する必要がある。労働者と客が恋愛関係となって両者が逃避行を図ろうものならばプロモーターも出演店も稼ぎ主を失って経済的損失を被るからである。表向きには、興行労働者はダンスや歌等のパフォーマンスを見せることが本業で、その合間に歓談する程度に客と接することになっている。しかし、客が店に来るのは興行労働者個人に魅力を感じるからで、そこで労働者は常連客をつかんで店に金を落とさせ、客が注文した飲食料金の一部を手当として得る。店によっては開店前に客と待ち合わせて食事をしてから出勤する「同伴出勤」をノルマに課すと同時に手当を出している。

　このように、客との親密さが店と労働者に経済的利益をもたらす構造になっており、店とプロモーターは労働者が逃亡せずに6か月間働くよう、寮で集団生活をさせたり賃金を帰国時に現金払いする等の工夫をしている。同時に、「同伴出勤」等、仕事の一環として労働者は常連客と一緒に過ごす時間が多いため、客が労働者の悩み相談を受けたり金銭的支援をすることもよくあった。双方の親密さが増した結果、労働者が帰国するタイミングにあわせて客もフィリピンに行って現地で結婚式を挙げるというカップルも多かった。労働者が興行ビザで日本に在留する間は労働契約が優先されるため結婚手続きができない。また、労働者がいちど帰国してしまうと短期滞在ビザ（観光目的等）で来日して日本で結婚手続きをするのはほぼ不可能であった。2013年に観光ビザ発給基準が緩和されるまで、フィリピンから日本への短期滞在ビザを取得するには銀行の残高証明等、旅行者は経済的に余裕があること（換言すれば「不法就労」をするおそれがないこと）を証明する必要があった。日本へ出稼ぎに来る興行労働者には、自力で短期滞在ビザを取得して来日するほどの金銭的余裕はない。従って、次善策として客がフィリピンへ行き結婚手続きを行い、妻となったフィリピン人女性に在留資格「日本人の配偶者等」を取得させて再来日させる方法が標準的となった。

　このように、全国各地の繁華街にあるフィリピンパブは客にとって「歩いていける外国」のような空間となり、貧困層出身のフィリピン人女性と日本人男性と

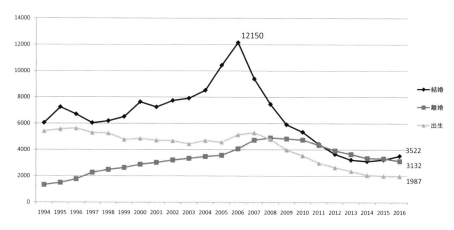

図5　日比結婚・離婚・出生件数の推移（1993-2016）
出典：厚生労働省・人口動態統計をもとに筆者作成。

　の出会いの場として機能した。フィリピン人女性興行労働者の大量来日と就労は、後に国際結婚の大衆化を招いたとも言えよう。

　一方、フィリピンパブという疑似恋愛空間は女性労働者に大きなリスクを負わせる。1990年代前半まではフィリピン政府による興行労働者保護がまだ緩く、23歳以下の若年者も興行労働が可能だったことから、契約の不履行、強制売春、労働者の不審死等、興行労働者が被害者となる、さまざまな問題が噴出した。1995年に二国間で技能認定や在留資格審査要件の見直しが行われたものの改善には限度があり、最後は「外圧」で興行労働者が激減する結末を迎えた。すなわち、2005年、米国国務省の人身取引報告書が日本政府に対して「興行ビザが人身取引の温床となっている」と指摘して日本政府に改善を求め、在留資格審査時の要件がかつてないほど厳格化された（来日前に日本国外で2年以上の芸能活動を示す就労経歴証明の提出を求める等）。それに伴い、2006年以降は興行ビザの発行数および入国者数が激減する事態となった。事実、在留資格「興行」で滞在するフィリピン人は2004年に50,691人だったのが、2018年には650人にすぎない（在留外国人統計）。

　上述のように、客との親密さを商品化した「フィリピン人女性による興行」と

いう産業は、日比結婚と子どもの出生を誘発した。統計上、明らかなだけでも、1993年から2016年の間に15万6064人の日本人がフィリピン人と結婚し（そのうち95％が日本人男性とフィリピン人女性の組み合わせ）、この間に両国の親を持つ子どもが10万1682人誕生した（人口動態統計）。図4と**図5**を見比べると、日比結婚件数と興行労働者の増減は互いに連動していることがわかる。

　上記の10万1682人は日本で出生登録された子どもの数だが、このほかにフィリピン人女性と日本人男性との間の婚外子が多数生まれている。興行ビザは6か月間有効のため、女性が来日後に知り合った男性との子どもを妊娠したとしても、日本滞在中に出産することは不可能である。さらには興行ビザで滞在中は日本で結婚手続きができないため、ほとんどの女性たちが帰国後に母国で出産するか、興行労働を中断して寮から「逃亡」し、ビザが失効しても超過滞在を続けながら出産・子育てを行った。労働者がフィリピンに帰れば、生まれた婚外子やその母が社会的に疎外されることは少ない。宗教的にカトリックの影響が強い同国では法的に堕胎と離婚が禁止されているため、そもそも婚外子が多いのである。とはいえ、父親からの養育費送金がなく母子が困窮するケースが後を絶たなかった。1990年代前半から日比婚外子の存在はフィリピンで社会問題化され、非政府組織が子どもの父親捜しを担ってきた。一説には、日比婚外子は2万人とも3万人とも言われているが、筆者自身が出会っただけでも200人を超えている。

　支援団体の力を借り、父親からの認知や月々の養育費を受け取ることができた子どももいるが、それはごく一部であった。その後、日本で暮らす当事者（母親が超過滞在をしながら出産したケースが多い）による長年の民事訴訟が実り、2008年に最高裁判決が出て日本の国籍法が改正されて、従前からの胎児認知に加えて、出生後の認知で婚外子が日本国籍を取得できるようになったのは2009年であった。2019年から2014年にかけて生後認知により届出で日本国籍を得た子どもたち（申請受理者）5695人のうち3548人（62.3％）が元・フィリピン国籍者だったことからも[4]、いかに多くの日比婚外子が生まれていたかがわかるだろう。

　その後、日本国籍を取得した婚外子と、子どもたちを養う親としてのフィリピン人母（在留資格「定住」を取得）が次々と来日した。彼女らの多くはフィリピンで困窮生活を送っていた。母親の多くが貧困層出身であり学歴も「手に職」も

ないからである。若年人口が多いフィリピンでは中年女性ができる単純労働は少ない。筆者が2009年にセブ市で日比婚外子とその母親たちに面談したところ、母親たちは日銭を稼ぐために家政婦や洗濯婦として、あるいは歩合給で化粧品の営業をして働いていた。彼女らにとって、子どもが日本国籍を得て母子ともに日本へ行き、何らかの賃労働につくことは、自活するための数少ない手段であった。

　そこで、彼（女）らに手をさしのべたのは日本の介護事業者や派遣会社である。渡航費を貸し付け、鞄一つで来日した母子に仕事と住居を用意し、子どもたちを学校に通わせた。例えば、静岡県焼津市の派遣会社A社は、日本国籍を取得した青年およびフィリピン人母たち（在留資格「定住」）を約50人雇い、市内各地の食品工場に派遣している。彼（女）らの多くは渡航費の貸付金返済が天引きされた給与を受け取るのに加え、子どもが18歳以下ならば母子世帯として児童扶養手当をもらいながら生活している。子どもの来日年齢が10歳を超えている場合、彼（女）らが日本で（再）適応するのは難しい。日本語の習得が追い付かずに中学卒業となったが高校進学ができず（あるいは家計を助けたいとの思いから自ら中卒で働くことを選び）、日本語の読み書きが不十分なまま建設資材の工場で働いて労災事故にあうという不幸な事件もあった（「型枠の間に挟まれ男性死亡」『静岡新聞』2017年2月4日）。

　2005年以降、興行ビザによる興行労働者の来日は激減したものの、日本の繁華街はフィリピン人女性を必要とし続けている。名古屋市内のフィリピンパブ事情に詳しいルポライターの中島弘象によると、2005年以降のフィリピンパブでは元・興行労働者の結婚移民とその娘たちに加え、新規来日の結婚移民（いわゆる「偽装結婚」を含む）が従事しているという（中島2017）。来日時の在留資格は変わっても、フィリピン人女性は夜の街で働き続けている。このことは、いかに日本人男性が「商品化された外国人女性」を必要としているかの裏返しでもある。

5．専門職化された介護労働

　次に、外国人の介護労働についてみていこう。2018年10月末現在、医療・福祉職の外国人労働者は2万6086人（医療業9232人、社会保険・社会福祉・介護

事業1万6678人）おり、国籍別ではフィリピン人が8418人（32.3%）と最多である[5]。

　その業務領域は、病院や介護施設等での身体介護（入浴、食事、排せつの介助）、関連業務（掃除、洗濯、調理など）、間接業務（記録、申し送り）、周辺業務（お知らせなどの掲示物の管理など）である。興行労働と違って介護は保険適用事業のため、日本国内で介護業務に従事するには資格取得が必要で、さらには資格取得と在留資格とが紐づけられているため制度が少々複雑である。

（1）身分資格での滞在者（定住者、永住者、日本人の配偶者等）

　身分資格で在留するフィリピン人定住・永住者（在留資格は「定住」「永住」「日本人の配偶者等」「永住者の配偶者」）は就労制限がないため、日本でいかなる職業につくことも可能である。定住・永住者で介護職に就いている人びとは、自身の職業選択の末にその仕事をしている。一般的に、在宅介護に従事するためにはホームヘルパー2級（現・介護職員初任者研修）の取得が必要だが、施設内のみで働く（在宅介護をしない）場合は無資格でもよい。彼女らの多くは、かつて興行労働者として来日し、日本人男性と結婚して定住した結婚移民である。結婚当初は在留資格「日本人の配偶者等」だが、後に滞在が5年以上になると永住資格を取得できる。また、日本人と離婚した場合も、日本国籍の子どもを養育していると在留資格「定住」に切り替えられる。さまざまな経緯により日本において身分資格で定住するフィリピン人が介護労働に従事しているのである。結婚移民の介護従事者の多さが、介護職の外国人労働者総数の中で特にフィリピン人が突出している理由であろう。

　彼（女）らが介護労働に参入した契機は2000年の介護保険導入であった。当時のホームヘルパー資格は国籍も学歴も不問で取得できた。2000年代初期、研修および教材は日本語のみだったが、2000年代半ばから在日外国人向けの研修が行われるようになった。その背景には、2004年の医療・福祉分野の労働者派遣解禁があったと思われる。長期滞在可能な在留資格を持ち日本語を話せる人ならば、国籍を問わず介護職に就くことができる。そこに目を付けた派遣会社が定住外国人向けに日本語補習をセットにしたホームヘルパー2級講習を提供し、修

了者を自社の派遣人材として採用したのである。

　2008年に筆者らが行った「在日フィリピン人介護者調査」では調査時点で約2000人のフィリピン人がホームヘルパー2級を取得していた（高畑 2010）。結婚移民にとって介護現場は、日本語会話や日本食の調理といった、日本での家庭生活の経験が生かされる職場となった。日本語の読み書き能力不足により申し送りがスムーズにいかないといった不便はあったものの、元・興行労働者はダンスや歌が上手で、介護施設のデイサービスのレクリエーションを盛り上げてくれるため施設では重宝された。フィリピン人女性にとっても介護職は「特別」であった。来日以来、家事や子育てで忙しく座学をする機会がほとんどなかった女性たちも多い中、ホームヘルパー2級資格に向けて研修（座学、演習、実習）を受け、レポートを書くのは大きな挑戦となり、修了時の達成感は格別であった。筆者らが聞き取り調査をしたところ、研修を受けた理由として「自分がエンターテイナー（興行労働者）として来日したということを（日本で生まれた）子どもが恥ずかしく思っているのを知り、子どもに尊敬されたいという思いから介護の資格を取った」と話す人が複数いた。結婚移民にとって介護職は社会的地位を得る手段ともなっていたのである。しかし、ホームヘルパー2級資格を取得しても、多職種に渡って求人がある都市部で暮らす人びとは、より高い時給を求めて工場労働や興行労働を選び、介護資格は「将来の転職のために」とお守りのように考えるケースも多くみられた。他方、製造業での就労先が少なく高齢化率が高い過疎地（農村、離島）において介護施設は外国人にとって貴重な正規雇用の仕事であり、長期にわたり介護施設で働く人もいる（高畑 2019）。次に、介護労働に従事することを目的として来日したフィリピン人について詳しく見ていこう。

（2）活動資格での在留者（在留資格「特定活動」「介護」「技能実習」「特定技能」）

　活動資格で在留する介護労働者の4つの受入れ枠組みと在留資格を示したのが図6[6]、各枠組みでの受入れ開始時期と人数を示したのが表3[7]である。

　第一の枠組みが、経済連携協定（EPA）である。通常、経済連携協定は両国間の貿易振興を目的に締結されるが、2006年に日本とフィリピンとの間で締結されたのは「人の移動」を含む、すなわち対人サービスが初めて「貿易」産品とみ

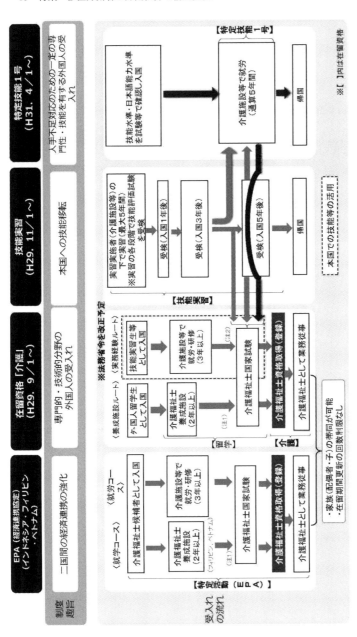

図6　外国人介護人材受入れの仕組み

出典：厚生労働省ウェブサイト。URLは注5を参照。

（注1）平成29年度より、養成施設卒業者も国家試験合格が必要となった。ただし、平成33年度までの卒業者には卒業後5年間の経過措置が設けられている。
（注2）「新しい経済対策パッケージ」（平成29年12月8日閣議決定）において、「介護分野」における技能実習や留学中の資格取得による3年以上の実務経験に加え、実務者研修を受講し、介護福祉士の国家試験に合格した外国人に在留資格を認めることとされており、現在、法務省において改正に向けて準備中。

表3　介護分野で働く外国人数（2018年末現在）

開始時期	来日経緯	在留資格	2018年時点の介護従事者数			
			外国人雇用状況調査（厚労省）＊社会保険・社会福祉・介護事業で合算	在留外国人統計（法務省）	EPAに基づく看護師・介護福祉士候補者受入れ状況（厚労省）	技能実習業務統計（国際研修協力機構）
2000年代〜	身分関係で定住した人びと（日本人の配偶者、日系人等）	日本人の配偶者等、定住、永住	15,544人			
2000年代半ば〜	日本語学校／専門学校の留学生（週28時間のアルバイト）	留学	3,125人			
2008年〜	経済連携協定による介護福祉士候補者	特定活動	3,561人	2018年末時点のEPA対象者（看護・介護の内訳不明）3608人	2008年以降の介護枠での受入れ数合計4302人	
2012年〜	経済連携協定による介護福祉士資格取得者	特定活動			2011年（受験資格発生）から2017年までの合格者累計719人	
2017年9月〜	介護福祉士（専門学校卒業／EPAで来日→介護福祉士試験合格）	介護		185人		
2017年11月〜	技能実習生	技能実習				1823人
2019年4月〜	在留資格「特定技能」による介護人材	特定技能1号		未公表		

出典：高畑作成。各出典については注7を参照。

なされた経済連携協定であった。それに基づき、2008年にインドネシア、2009年にフィリピン、2014年にベトナムからの介護福祉士候補者の受入れが始まった。在留資格は「特定活動（EPA）」である。これは日本にとって実質的な技能移民（後に日本の国家資格を取得することにより定住が可能となる）の受入れとなる。候補者たちは来日前後に合計1年間の日本語研修を受け、単身で来日する。来日前に労働契約を交わした介護施設で働きながら（ただし転職不可）日本語と

介護福祉士試験の勉強を続け、3年の実務経験を経て試験に合格すれば介護福祉士として滞在延長（実質無期限）ができ、他の介護施設への転職および家族呼び寄せが可能である。2018年までにEPAの枠組みで来日したフィリピン人は介護枠で累計1,789人、看護枠で累計546人である[8]。

　しかし、日本語をゼロレベルから学んだ候補者たちが、3年間働きながら勉強を続けて国家試験を日本語で受けるという制度にはかなり無理があった。筆者は2009年から2013年にかけて、フィリピン人介護福祉士候補者1期生190人のうち49人の追跡調査をしていたが、49人中、来日から4年弱（日本語研修半年と実務経験3年）の時を経て国家試験の受験資格を得るまで日本に滞在していたのは21人、さらには試験に合格したのは11人にすぎない（高畑2014）。制度上は、試験に不合格の場合は本人が希望すれば1年間延長して（日本で働きながら）再受験が可能である。再受験の後に合格すればそのまま家族を呼び寄せて滞在延長が可能である。不合格の場合は帰国して自力で（出身国あるいは第三国で）再就職するか、出身国にある日本大使館が主催する帰国者向けジョブフェア（合同就職説明会）に参加して日本語能力を生かした職に就くことが可能である。

　第二の枠組みが2017年に新設された在留資格「介護」である。はじめは留学生（在留資格「留学」）として、日本語学校および介護福祉士養成施設（専門学校、大学等）で学び、所定の単位を取得して卒業すると（2019年現在は国家試験免除で）介護福祉士資格を取得できる。介護福祉士となれば在留資格を「留学」から「介護」に変更でき、長期滞在（実質無制限）と家族の呼び寄せが可能である。2018年末現在、この枠でのフィリピン人滞在者は20人である。

　2019年1月、介護の留学生として来日中のフィリピン人女性（20代）にインタビューしたところ、指定の日本語学校と介護専門学校への留学、および介護施設の運営会社への就職をひとつのパッケージとして提供されているとのことであった。すなわち、女性は母国で大学卒業後（心理学部）、安定した職に就けなかったため叔母がいる日本に行くことを決め、仲介業者から提供されたこのパッケージに申し込んだ。渡航費等は介護施設の運営会社から奨学金として提供されており、来日後は指定の介護施設でアルバイトをしながら（在留資格「留学」で認められるのは週28時間）、日本語学校で学び、卒業後は介護の専門学校で学び、

いずれ所定の介護施設で働くという、一種の「お礼奉公」のシステムである。

　第三の枠組みが2017年から始まった在留資格「技能実習」の介護職である。技能実習生の間は単身での滞在で、当初の受入れ施設から転職ができない。受入れ施設では最大5年間、技能実習生として就労可能だが、就労開始から3年が経過し所定の試験に合格すれば在留資格「特定技能」に資格変更ができ、他施設へ転職可能である。同様に、就労開始から3年後に介護福祉士試験の受験が可能となり、合格すれば在留資格「介護」に変更して長期滞在および家族の呼び寄せが可能である。2018年現在、介護の技能実習生は合計1823人いるが、そのうちフィリピン人は13人と少ない[9]。多いのはベトナム人（653人、構成比35.8%）、インドネシア人（322人、17.7%）、中国人（320人、構成比17.6%）である。フィリピンは技能実習生の送り出しには消極的、あるいは規制が厳しく送出数が少ないと言える。あるいは、各業種の技能実習生全体で送出国としてベトナムが突出しており（2018年時点で技能実習生総数389,321人のうち、ベトナム人は約半数の196,732人）でフィリピン人は35,515人なので、必然的に実数ではベトナム人が多くフィリピン人が少ないという見方もできよう。

　第四の枠組みが在留資格「特定技能1号」である。これは2019年に始まった制度で、来日前に日本語および介護知識の試験を受けて合格すれば、来日して最長5年間の就労ができ、その間、同じ介護職であれば他の施設への転職が可能である。この試験は2019年4月から2020年2月にフィリピンで11回、その他のアジア諸国で19回、国内で3回と、合計33回、実施された[10]。フィリピン政府は2019年8月に送り出しガイドラインを公表した[11]。2019年12月時点でこの枠組みで滞在する外国人総数は19人で、そのうちフィリピン人は14人と最多である[12]。相対的なフィリピン人の多さは、介護の試験回数の多さの現れであろう。

6．まとめと今後の課題

　おわりに、フィリピン人の興行労働および介護労働の制度設計と労働の実態から、今後の移住女性労働者の課題として示唆されることをまとめておきたい。

（1）興行労働から

　興行労働者は、20世紀の日本における技能労働者の先駆けだったと言えよう。1980年代後半にフィリピンと日本との間で労働者の送出／受入れが活発化すると同時に、2つの国家が介入し、技能認定から在留資格審査、民間業者の仲介による送出／受入れの「型」ができた（図3）。受入国が一元化して外国人労働者を管理するのではなく民間企業を介在させる構造は、現在の技能実習生や特定技能の労働者の送出／受入れ制度にも引き継がれている。

　かつて大量の単身女性労働者をフィリピンから受入れて日本の夜の街で働かせたことにより、女性移民特有の問題が多発した。その一例が上記のような婚外子の出生と父親による遺棄である。このように労働者にとってのリスクがあっても、なぜ女性興行労働者の大量送出と受入れが2005年まで続いたのだろうか。それは労働者の目線で言えば、興行労働の「間口の広さ」である。2000年代半ばまで、高卒程度の学歴のフィリピン人が労働者として来日できる在留資格がなかった。技能実習は1993年に発足した制度だが、当初は受入れ可能な職種も求人数も少なかった。興行労働は学歴不問で働ける数少ない仕事で、自身の学歴や職業的能力に基づいた在留資格を得ることができない女性たちにとっては、日本人男性との結婚がほぼ唯一の長期滞在資格（在留資格「日本人の配偶者等」）の取得手段であった。日本での滞在期間の長さは、日本で働きフィリピンの家族へ送金できる期間の長さともなる。また、雇用者にとっては、客との親密さが店の売り上げにつながるため、客との親密さの延長線上にある女性側のリスクを放置していた。親密さを強調する対人サービスの特殊性が婚外子の出生を誘発した。在留期限前に帰国すれば短期滞在ビザを取得して再来日する金銭的余裕はなく、フィリピンに帰ったまま子どもの父親と音信不通になっても泣き寝入りせざるを得なかった女性が多かったのである。

（2）介護労働から

　次に介護労働についてまとめたい。時系列では、日本で介護職として働くフィリピン人の在留資格は、2000年の介護保険導入時から身分資格（永住・日本人の配偶者等、定住者）、2009年から特定活動（EPA）、2017年から技能実習およ

び介護、2019年から特定技能、の順に、日本の介護労働市場への門戸が次々に開かれてきた。いずれの枠組みにおいても、フィリピン人が介護職で働いている。

　2000年の介護保険制度開始以降、外国人介護労働者の第一陣はフィリピン人結婚移民たちであった。彼女らは日本で暮らす「外国人主婦」の多数派であり、興行労働者時代に対人サービスに慣れており日本語会話ができたため、日本語（特に漢字）の読み書きは難しくても介護職に参入しやすかったのであろう。ところが、上記のとおり、2008年以降「外国人介護人材」には4つの受入れ枠組みが併存している（図6）。その結果、ホームヘルパー2級（現・介護職員初任者研修）あるいは無資格で施設介護をする結婚移民と、EPAで来日し介護福祉士資格を取得したフィリピン人との間には人的資本においても、その待遇においても格差が生まれてしまった。彼（女）らの給与は介護保険が財源なので、資格の有無が待遇格差を生み、例えば、2018年、介護職（常勤者）の平均月収は、介護福祉士資格保有者は303,460円だが、無資格者は261,600円[13]である。結婚移民等の定住者は日本語を体系的に学ぶ機会が少ないまま家事と子育てで忙しく40代になっており、介護職となるために来日した人びと（来日前後に日本語研修・試験有）との識字力・学力には差がある。結婚移民は加齢・高齢化が進み、日本語の識字力と学力の困難により資格取得等のスキルアップが難しいことからも、今後もこの格差は続いていくであろう。

　2000年代以降、日本において介護の専門職化が進むが、元・興行労働者の結婚移民たちはそれに合わせて資格を取得するのが難しい。かつて興行労働は学歴不問の仕事であった。それに対し、介護では来日時に学歴が問われる。経済連携協定による介護福祉士候補者ならば出身国で大学卒業[14]、在留資格「介護」は日本で専門学校卒業、在留資格「技能実習」および「特定技能」には最低でもハイスクール卒業が必要である。入国時点での人的資本と研修機会が違う。図7が示す通り、課せられる要件によって違う入口から同じ「日本の介護現場」に入ったフィリピン人がおり、彼（女）らが日本で利用可能な転職手段や転職先、キャリア形成もおのずと限られてくると言えよう。

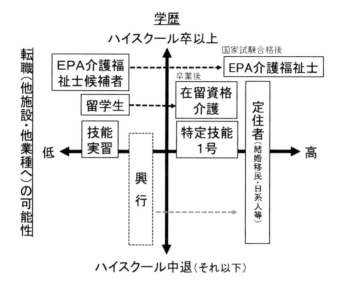

図7　興行と介護におけるフィリピン人の学歴と転職可能性
出典：高畑作成。

（3）移住女性特有の課題として

　最後に指摘したいのは、興行労働と介護労働という、いずれも再生産労働に関わる対人サービス労働者たち自身が置かれた環境である。日本においては妊娠・出産が可能な年齢の外国人労働者が，その賃金労働としての再生産労働と、自身の再生産活動（出産・育児）とが切り離されたまま存在してきた。すなわち、興行ビザは6ヵ月の滞在に限定されていたため来日後に知り合った男性との間の子どもを出産することはできず、さらには子の父親による「悪意の遺棄」と婚外子の出生が多発した。また、技能実習は最大5年間滞在できるが、技能実習生の妊娠・出産は「想定外」のものとされている。いずれも外国人は「労働力のみを提供する存在」と想定され「再生産活動を行う主体」としては想定されていない。悪質な例として、来日前の技能実習生に「技能実習中に妊娠した場合はすぐに帰国する」との同意書に署名をさせる監理団体があると報道された。それを受けて、2019年3月、法務省が受入れ事業者に注意喚起文書「妊娠等を理由とした技能実

習生に対する不利益取扱いについて」を出した[15]。

　一方、EPAによる介護福祉士候補者は産休・育休が取得可能である。例えば、EPAで来日する看護師・介護福祉士候補者の日本側あっせん団体である国際厚生事業団の報告書によると、2017年度、同事業団職員が受入れ施設を巡回指導した結果、候補者4人が育休中と判明した[16]。このように、同じ介護職についていても、受入れ枠組みがEPAか技能実習かにより待遇面に大きな差が出ているのである。

　技能実習生の数は急増しており、今後は婚外子の多国籍化が起きるであろう。1990年代は国際婚外子といえば日比婚外子がほとんどであった。2020年4月現在、東南アジアを中心に16か国から技能実習生が来日しており[17]、技能実習生同士の婚外子が生まれることは容易に想定され、その数がまだ少ないため問題として表面化していないだけなのではないか。国境を越えて若者が移動すればそこで労働のみならず妊娠・出産・育児が行われるのは当然で、今後は日本で生まれる婚外子の国籍取得や在留資格認定も、移住労働者をめぐる課題の一つとなるであろう。

　労働者としての外国人の受入れが注目される昨今だが、かつて興行労働者として来日し結婚移民となった女性たちは確実に高齢化へ向かっており、彼（女）らの貧困化・介護・看取り等が見過ごされがちだ。詳細は別稿に譲るが、移住女性労働者には特有の課題があり、それを想定した社会的・法的支援が必要であることを強調したい。

〔注〕
1　法務省　http://www.moj.go.jp/housei/toukei/toukei_ichiran_touroku.html（2020年4月1日アクセス。以下同様）
2　内閣府　少子化社会白書 https://www8.cao.go.jp/shoushi/shoushika/whitepaper/measures/w-2004/pdf_h/pdf/g1010100.pdf ／総務省　我が国における総人口の推移　http://www.soumu.go.jp/main_content/000273900.pdf ／厚生労働省　厚生労働白書　https://www.mhlw.go.jp/wp/hakusyo/kousei/05/dl/1-2a.pdf
3　厚生労働省　「外国人雇用状況」の届出状況まとめ（平成30年10月末現在）　https://www.mhlw.go.jp/content/11655000/000472893.pdf
4　法務省民事局へ問い合わせ、メールで回答有。

5　厚生労働省　https://www.mhlw.go.jp/stf/newpage_03337.html

6　厚生労働省　https://www.mhlw.go.jp/content/12000000/000510709.pdf

7　厚生労働省（外国人雇用状況調査）https://www.mhlw.go.jp/content/11655000/000472893.pdf ／法務省（在留外国人統計）http://www.moj.go.jp/housei/toukei/toukei_ichiran_touroku.html ／厚生労働省（EPAに基づく看護師・介護福祉士候補者受入れ状況）https://www.mhlw.go.jp/content/000450797.pdf ／国際研修協力機構（技能実習業務統計）https://www.otit.go.jp/files/user/191001-18-1-6.pdf

8　厚生労働省　https://www.mhlw.go.jp/content/000450797.pdf

9　国際研修協力機構　https://www.otit.go.jp/files/user/191001-18-1-6.pdf

10　厚生労働省　https://www.mhlw.go.jp/stf/newpage_000117702.html

11　在日フィリピン大使館・海外労働事務所　https://polotokyo.dole.gov.ph/specified-skilled-workers-1-2/

12　法務省　http://www.moj.go.jp/content/001313794.pdf

13　厚生労働省「平成30年度介護従事者処遇状況等調査結果の概要」https://www.mhlw.go.jp/toukei/saikin/hw/kaigo/jyujisya/19/dl/30kekka.pdf

14　厚生労働省　https://www.mhlw.go.jp/content/000595174.pdf

15　外国人技能実習機構　https://www.otit.go.jp/files/user/190311-4.pdf

16　国際厚生事業団　https://jicwels.or.jp/files/junkai-report_C-H29.pdf

17　公益財団法人国際人材協力機構　https://www.jitco.or.jp/ja/regulation/send/

〔文献〕

阿部亮吾、2011、『エスニシティの地理学：移民エスニック空間を問う』古今書院.

バレスカス、MRP（監訳：津田守、共訳者：小森恵、宮脇摂、高畑幸）、1994、『フィリピン人エンターテイナーの世界』明石書店.

樋口直人、2017、「ジェンダー化された編入様式―在日外国人の分岐をめぐる分析枠組み」『アジア太平洋レビュー』14: 2-18.

伊藤泰郎・崔博憲・高畑幸、2015、「第6章　コミュニティ・ユニオンと移住労働者」『グローバル化時代における雇用不安定層の組織化に関する実証的研究』（平成24-26年度・科学研究費基盤B報告書、代表・文貞實）156-166.

伊藤るり編、2008、『国際移動と"連鎖するジェンダー"～再生産領域のグローバル化 ジェンダー研究のフロンティア』作品社.

伊藤るり、小ヶ谷千穂、ブレンダ・テネグラ、稲葉奈々子、2005、「いかにして『ケア上手なフィリピン人』は作られるか？―ケアギバーと再生産労働の『国際商品』化」『F-Gens Journal』3: 269-278.

中島弘象、2017、『フィリピンパブ嬢の社会学』新潮社.

小ヶ谷千穂、2016、『移動を生きる：フィリピン移住女性と複数のモビリティ』有信堂高文社.

大野聖良、2017、「日本における人身取引対策の現段階」大久保史郎、樋爪誠、吉田美喜夫編著『人の国際移動と現代日本の法―人身取引・外国人労働・入管法制』、日本評論社、

189-219.

Parreñas, Rhacel Salazar, 2010, *Illicit Flirtations: Labor, Migration, and Sex Trafficking in Tokyo*, California：Stanford University Press.

定松文、2018、「家事労働とジェンダー―再生産労働の外部化と"沈黙"の外国人家事労働者」駒井洋監修、津崎克彦編著『産業構造の変化と外国人労働者　労働現場の実態と歴史的視点』明石書店、142-163.

定松文、2019、「介護準市場の労働問題と移住労働者」『大原社会問題研究所雑誌』729: 29-44.

高畑幸、2010、「在日フィリピン人の介護労働参入―資格取得の動機と職場での人間関係を中心に」『フォーラム現代社会学』9: 20-30.

高畑幸、2014、「過疎地・地方都市で働く外国人介護者―経済連携協定によるフィリピン人介護福祉士候補者49人の追跡調査から」『日本都市社会学会年報』32: 133-148.

高畑幸、2018a、「介護の専門職化と外国人労働者―日系人から結婚移民、介護福祉士まで」駒井洋監修、津崎克彦編著『産業構造の変化と外国人労働者』明石書店、66-82.

高畑幸、2018b、「東海地方における移住労働者のエスニシティ構成の『逆転現象』―静岡県焼津市の水産加工労働者の事例―」『日本都市社会学会年報』36: 147-163.

高畑幸、2019、「離島におけるフィリピン人結婚移民の定住と職業生活 〜1990年代に来日した女性たちの介護職への従事」『移民研究』15: 15-26.

Tenegra, Brenda Resurecion, 2006, "Transcending Dislocations: Narratives from Filipina Domestic Workers in Tokyo",『お茶の水地理』46: 29-46.

津崎克彦、2010、「フィリピン人エンターテイナーの就労はなぜ拡大したのか―歓楽街のグローバリゼーション―」、五十嵐泰正編著『労働再審②越境する労働と＜移民＞』大月書店、189-230.

津崎克彦、2018、「現代日本における産業構造の変化と外国人労働者」駒井洋監修、津崎克彦編著『産業構造の変化と外国人労働者』明石書店、17-46.

Yu-Jose, Lydia, 2002, *Filipinos in Japan and Okinawa, 1880s-1972*, Tokyo University of Foreign Studies.

—— 日本労働社会学会年報第31号〔2020年〕——

農業における外国人技能実習生の 受入実態と地域的課題
——北海道を事例に——

宮入　隆
(北海学園大学)

1．課題と背景

　本稿では、農業構造の変化の中で深刻化する雇用労働力不足と、その下での外国人技能実習生への依存深化の状況を、北海道での実態分析から明らかにする。また、農協による組織的な技能実習生の受入事例を中心に、人口減少地域における受入体制整備の具体的課題を検討していく。

　今日でも農業は家族経営が主体となっており、ここで事例とする北海道農業も、本州の個別経営とは格段の規模格差が生じているとしても同様である。しかし、近年では家族労働力では賄いきれないほどに経営規模の拡大が進展し、雇用労働力需要が増大している。個別経営の法人化の契機の1つが福利厚生の充実にあるように、いかに必要とする労働力を確保できるかが、経営発展・維持の最重要課題となっている状況にある。

　他方で、人口減少の進む地域内での雇用労働力の安定的確保は益々困難となり、域外からの人材確保の延長線上で、外国人技能実習生を中心とする外国人材の受け入れが行われてきた。全国的にみても北海道農業は外国人労働力受け入れの先進地の1つとなっている。

　そこに2017年11月の技能実習法の施行、さらに2019年4月から新たな在留資格「特定技能」も加わり、今後はさらに多様なルートや在留資格を活用して外国人材を受け入れていくことが推察される。地域の基幹産業的な位置を占める農業、そして食料品製造業における長期的な就労も可能となる中で、過疎地域を中心に外国人の受け入れをどのように進めていくのかは、すでに個別経営の課題とはい

えず、地域全体での検討が必要になっている。

　このような現状認識に基づいて、本稿では、まず第1に、農業における労働力不足の深刻化と労働力調達にみられる変化を整理し、外国人技能実習生の受け入れ拡大要因を明らかにする。第2に、道内農業分野での外国人技能実習生の受け入れの全体的な特徴を、統計資料分析に基づいて整理し、その上で、農協による組織的な受入体制の整備の実態と課題を事例分析に基づいて明らかにする。これらの結果を踏まえ、農業分野における外国人材の受け入れのための課題を考察する。

２．農業構造の変化と労働力不足の深刻化

（1）労働力需給の変遷

　最初に家族労働力を中心にしてきた農業のなかで、どのように雇用労働力への依存が進み、労働力不足が発生してきたのか、農業構造や地域経済の変化とともに整理しておく。労働力不足が日本農業の最大の課題となっていることから、農業労働力市場に関する研究も近年多くみられるようになっている。本稿では、主に北海道農業と関連した研究成果[1]を参照しつつ、地域内での労働力不足の深刻化と外国人技能実習生の受け入れへと至る農業分野における労働力調達の広域化の過程を概括する。

　周知のとおり、日本農業は他の先進国と比較して零細小規模な家族経営によって担われてきた。第2次大戦後のその原形は農地改革による自作農創設により、戦後復興期においては限られた技術的基盤の中で、家族経営で不足する労働力は、戦前期から続く集落内での共同作業によって主に賄われていた。また、引揚者や空襲を受けた都市部から農村部への人口流入も伴うことで、労働力確保も比較的容易であった。その下で、水稲作を中心に1940年代末には戦前水準に回復し、戦後復興の最重要課題であった食糧増産が早期に実現した。それが世界に類を見ない高度経済成長を可能とした一因にもなった。

　高度経済成長期を迎えると、工業の発展とともに農業近代化も順次図られていった。1961年に制定された農業基本法以降、基盤整備事業などを伴って、化

学農薬や化学肥料、そして機械化の進展は省力化の方向に作用した。その結果、伝統的な共同作業の役割は縮小し、個別完結型の農業経営が確立することとなった。しかし、他方では、基幹である稲作での生産力発展が一元的に図られたことと、洋風化に象徴される食料消費の変化が相まって、1960年代には「米余り」が顕在化することとなった。政府は、生産対策として畜産や青果物等への選択的拡大を推進し、食料消費の変化に合わせた作目転換を図ったが、稲作での省力化によりもたらされた余剰労働力は他産業での所得確保にまわされ、兼業化が進行する結果となったのである。

　多くの地域で米単作からの転換が図られたのは1970年に始まる減反政策以降である。各地域で転作物として青果物・花きなど園芸作物の生産が振興され、農協を中心に産地が形成されることで地域農業の姿は一変していった。それは同時に、土地利用型作物から労働集約型作物への転換を意味しており、とくに収穫期を主とした短期集中的な労働力の確保が必要となった。

　ここからの状況変化は、事例とする北海道農業を中心に具体的にみていこう。寒冷地稲作で地域農業の発展を目指してきた北海道の稲作地域では、生産調整面積の傾斜配分などもあり、本州以上に減反政策の影響はより深刻であった。その中で、いち早く野菜の産地形成を図ってきた地域は、良質米生産に適さない条件不利地域である。中でも、メロンで産地化を果たした夕張市に代表されるように、産炭地域に立地する地域、もしくは鉄道拠点や自衛隊駐屯地に隣接するなど他産業に従事する世帯からの労働力確保が可能な地域で先行した。主には各世帯の主婦など女性労働力が供給され、それは収穫を中心とした圃場作業、そして産地形成のために必須となる選果場での作業も支えていったのである。

　このような地域内での主婦層を中心にした労働力確保を前提に、市場環境の変化に合わせた地域農業の再編が進められるという方向が定着した一方で、地域内の労働力供給が安定的になされることは長く続かなかった。石炭から石油へのエネルギー革命の進展により、地方経済の主力であった産炭業が切り捨てられたことに象徴されるように、高度成長期から1980年代にかけて、他地域・他産業への人口流出による過疎化が急速に進展したのである。その帰結が人口減少の先進地としての現在の北海道の姿である。農業は地域の基幹産業として残り続けたも

のの、地域内で不足する労働力は、近隣市町村、さらには道外からもアルバイト
を募るなど、より広域的な人材確保という方向に向かっていった。

　1990年代に入ると、日本の農業政策は、GATT合意からWTO設立に至る過程
にかけて、グローバル化に対応した方向転換が目指された。市場介入型の価格政
策から直接支払政策への転換、認定農業者制度の創設など、効率的かつ安定的経
営に特化した枠組みが強化されるなかで、とくに北海道農業においては、生き残
りを賭けて経営規模の拡大がさらに進み、それは家族経営の範疇を大きく超える
ものとなっていった。大規模経営の多くは雇用労働力の確保を前提としたものと
なり、法人化により従業員を安定的に確保する経営もみられるようになった。同
時に進む、コメなど政府管掌作物の価格低下傾向もそれに拍車をかけ、稲作地域
だけではなく、畑作地域でも労働集約型の野菜など園芸作振興はさらに全道的な
広がりをみせ、広大な土地基盤を活かした稲作・畑作といった土地利用型農業の
中に、青果物・花きといった園芸作が導入されるというように、複合経営が一般
化し、さらに労働路力需要を拡大していった。その結果、2000年代に入ると、
耕種部門においてコメを抜き野菜が産出額で最も高いシェアとなる。

　以上のような1990年代の中頃以降の農産物貿易の自由化に対応した政策転換
の中で、農業構造は不可逆的に変化してきたのである。**表1**では、1995年から
2015年までの20年間の北海道農業の基本指標を示した。販売農家戸数でみると、
1995年に7.4万戸あったものが、2005年には5.2万戸と3割減少し、さらに2015
年現在は3.8万戸とほぼ半減するまでに至っている。同様に農家世帯員を指す農
業就業人口は、1995年17.4万人から、2005年13.1万人、2015年9.7万人と4割
減となり、とくに女性の就業人口の減少率が男性よりも10ポイント高くなって
いることも分かる。このような担い手の減少を背景に、北海道では、1戸当たり
の経営耕地面積を拡大することで、耕作放棄地を抑えて地域農業を維持してきた。
その結果、2015年現在の1戸平均では23.6haとなっており、都府県の2.0haとは
隔絶した規模となっている。生産構造の脆弱化という問題を抱えつつも、農業産
出額はこの20年でみれば総計1兆円を前後で推移している。日本の食料基地と
しての役割を担っている北海道においては農業の衰退という状況は一概には当て
はまらないのである。

表1 北海道農業の基本指標（1995-2015年）

		1995年	2005年	2015年	増減率	
					95-2005	95-2015
販売農家数(戸)		73,588	51,969	38,086	-29.4	-48.2
農業就業人口(人)	男	86,050	67,685	52,509	-21.3	-39.0
	女	87,480	63,806	44,048	-27.1	-49.6
	計	173,530	131,491	96,557	-24.2	-44.4
経営耕地面積（万ha）		102.2	96.6	90.1	-5.5	-11.9
1戸平均面積（ha/戸）		13.9	18.6	23.6	33.9	70.2
農業産出額（億円）		11,143	10,663	11,852	-4.3	6.4

出所：農林水産省「農林業センサス」および「生産農業所得統計」より作成。

（2）雇用労働力調達の変化

　農家戸数の減少、そして世帯内の労働力の減少を補っているのが雇用労働力である。**図1**では、2005年以降における道内農業の雇用労働力の確保状況を、常雇い・臨時雇い[2]の各延べ人日および常雇い実人数により示した。

　雇用労働力の総量は2005〜15年の10年間で577.6万人日から、721.0万人日へと24.8％の増加率となっており、とくに2005〜10年に大きく増加した。重要な

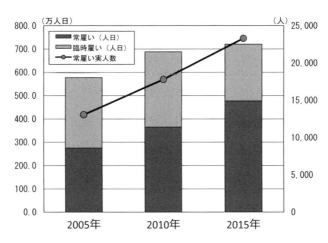

図1 雇用労働力（延べ人日）および常雇い実人数の推移（北海道）
出所：農林水産省「農林業センサス」より作成。

のは、単に総量として増加しただけではなく、臨時雇いから常雇いへのシフトという質的な変化がこの間に起こったことである。2005年段階では、臨時雇いの延べ人日が5割を超えていたが、2010年には逆転し、常雇いが53.1％となり、さらに2015年には66.2％となっている。

　規模拡大や法人化のため、個別経営での従業員等の人材確保の必要性が増していることがここに示されている。常雇い実人数は2005年1.3万人から2015年2.3万人へと、この10年間で1万人増（増加率78.3％、年平均1,000人）となった。このような傾向は全国的にもみられているが、道内においては担い手農家の全般的な規模拡大の中で、農繁期の短期季節雇用では間に合わず、各作業段階・周年的な労働力の不足が生じ、個別経営ごとの安定的な労働力確保への需要が、常雇いの増加へと繋がってきたのである。

　詳細なセンサス分析結果の提示は省くが、常雇い実人数のうちの56.5％は、農業経営体の8.8％を占めるに過ぎない法人経営体で雇用されている。販売規模別では、3,000万円以上の経営では、常雇い延べ人日シェアが5割を超え、1億円以上になると、7割以上の経営が常雇いを雇い入れている。さらに、部門別にみると、園芸関連や畜産などで、常雇いを多く受け入れている傾向がみてとれる。1億円を超える経営体の中には、メガファームなど大規模畜産経営が多く存在しているが、なかでも実人数で、最も多いのは酪農の3,539人である。他の畜産も含めて大規模経営の増加が、多くの常雇いの雇用増加に結びついていることは間違いない。ただし、酪農の常雇いの1経営体当たりの平均雇用人数や延べ人日は、他の畜産と比較すれば低い。このことは、家族経営も含めて多くの経営で広く常雇いが行われていることも示している。

　以上のとおり、道内農業の全般的な傾向として、規模拡大が雇用労働力への需要を高めているだけではなく、2000年代以降の大きな特徴として、人材としての農業労働者を必要とする方向に転換してきたことを示してきた。しかし、人材供給の基盤となる地域の人口減少や高齢化の進展は雇用労働力の需給関係を一層タイトにし、他産業および他地域との競争にもさらされ、道外も含めた国内での広域的な調達も円滑にいかない中で、労働力不足は年々深刻になっているのが現状である。その結果として、外国技能実習制度による労働力確保を必要としてき

たということができる。

　もちろん労働力不足が地域農業の最大の課題となる状況下で、その他の対策がとられてこなかったわけではない。むしろJA（農協）グループを中心とした労働力支援には様々な対策がとられてきた。代表的なものとして、酪農地域でのコントラクター事業や酪農ヘルパー組合の設置、園芸産地での圃場作業の人材斡旋などがある。だが、これら事業の担い手自体も人材不足であり、十全に個別経営の要望に応えられないのが実状である。そのため、次善策として、農協が営農支援事業の一環で外国人技能実習生を受け入れてきた事例も多く存在するようになっているのである。

3．道内農業における外国人技能実習生の受入動向

（1）全産業でみた道内の受入動向と農業の位置

　まずは、道全産業で外国人技能実習生の受入状況をみることで、北海道総体としての受け入れの特徴とその中での農業分野の位置づけを確認する。

　厚労省北海道労働局の資料[3]によれば、2018年に北海道内で働く外国人労働者数は2万人を超えた。そのうちの約5割を占めるのが外国人技能実習生（約1万人）である。全国では、外国人雇用146万人のうち、技能実習生は2割（約31万人）程度であり、北海道は技能実習生の比率がとくに高いという特徴を持つ。

　表2では、北海道庁の調査から産業別の受入人数動向を示した。2018年現在、北海道で技能実習生が最も多く受け入れられているのは水産加工を中心とする食料品製造業で、約1万人のうち半数強の5,357人となっている。次いで、農業が27.6％（2,765人）を占めている。技能実習生の総数は2012年まで5千人弱であったものが、年々増加することで2018年現在では倍増するまでに至っているが、この2分野は常に8割以上を占めてきた。さらに近年増加している漁業での受け入れ（191人）も含め、道内の最大の受入先は、基幹産業的な位置にある食料関連産業である。

　食料関連産業は北海道の地域経済にとって重要な産業でありながらも、雇用者の賃金水準が高いとはいえない。また、人口減少のとくに激しい沿岸部や農村部

表2　北海道における外国人技能実習生の職種別受入人数の推移

単位：人（%）

	食料品製造業	農業	建設関連工事業	漁業	衣服・繊維製品製造業	金属製品製造業	一般機械器具製造業	その他製造業	その他	合計
2012年	3,261	1,410	49	13	160	8	49	6	32	4,988
	(65.4)	(28.3)	(1.0)	(0.3)	(3.2)	(0.2)	(1.0)	(0.1)	(0.6)	(100.0)
2013年	3,332	1,479	80	19	200	10	0	0	22	5,142
	(64.8)	(28.8)	(1.6)	(0.4)	(3.9)	(0.2)	(0.0)	(0.0)	(0.4)	(100.0)
2014年	3,245	1,654	176	31	231	0	42	0	34	5,413
	(59.9)	(30.6)	(3.3)	(0.6)	(4.3)	(0.0)	(0.8)	(0.0)	(0.6)	(100.0)
2015年	3,608	1,868	261	57	241	10	32	23	112	6,212
	(58.1)	(30.1)	(4.2)	(0.9)	(3.9)	(0.2)	(0.5)	(0.4)	(1.8)	(100.0)
2016年	3,865	2,155	375	111	218	28	2	7	156	6,917
	(55.9)	(31.2)	(5.4)	(1.6)	(3.2)	(0.4)	(0.0)	(0.1)	(2.3)	(100.0)
2017年	4,848	2,441	711	160	135	17	7	10	173	8,502
	(57.0)	(28.7)	(8.4)	(1.9)	(1.6)	(0.2)	(0.1)	(0.1)	(2.0)	(100.0)
2018年	5,357	2,765	999	238	191	117	44	25	296	10,032
	(53.4)	(27.6)	(10.0)	(2.4)	(1.9)	(1.2)	(0.4)	(0.2)	(3.0)	(100.0)

出所：北海道経済部「外国人技能実習制度に係る受入状況調査（各年次版）」より作成。

　などに立地するするすることから、より労働力確保が困難になったということが推察される。ただし、ここ数年は建設業や、金属製品業など他の分野でも受け入れが増加しており、主要2分野のシェアを若干低下させている。それは道内における人手不足の全般的な深刻化を意味しており、他方で、働く外国人の重みが増しているということができるだろう。

　表3で振興局別の受入状況を確認すると、ここでも地方での偏在傾向から、全道的な受け入れ拡大の傾向がみてとれる。とくに近年の特徴的な変化といえるのが、道内最大の都市、札幌市を含む石狩振興局管内での受け入れの拡大である。もともと主要な受入分野が沿岸立地の水産業や農業であったことからも分かるとおり、技能実習生の多くは人口減少の著しい地方での受け入れが中心であった。それが、2017年以降に急速にシェアを伸ばし、2018年には、石狩17.3％（1,734人）とトップになり、次いで、オホーツク（14.1％）、渡島（12.7％）と、上位3

表3 地域別にみた外国人技能実習生の受入状況（北海道2015-18年）

単位：人（%）

	2015年	2016年	2017年	2018年 全体	2018年 うち食料品	2018年 うち農業
石 狩	524 (8.4)	690 (10.0)	1,168 (13.7)	1,734 (17.3)	921 (17.2)	172 (6.2)
オホーツク	1,159 (18.7)	1,044 (15.1)	1,403 (16.5)	1,416 (14.1)	1,017 (19.0)	342 (12.4)
渡 島	787 (12.7)	873 (12.6)	994 (11.7)	1,274 (12.7)	980 (18.3)	38 (1.4)
上 川	435 (7.0)	505 (7.3)	641 (7.5)	784 (7.8)	123 (2.3)	450 (16.3)
釧 路	410 (6.6)	583 (8.4)	680 (8.0)	756 (7.5)	411 (7.7)	256 (9.3)
後 志	398 (6.4)	526 (7.6)	588 (6.9)	697 (6.9)	430 (8.0)	225 (8.1)
胆 振	355 (5.7)	379 (5.5)	486 (5.7)	680 (6.8)	318 (5.9)	193 (7.0)
宗 谷	656 (10.6)	628 (9.1)	649 (7.6)	668 (6.7)	601 (11.2)	54 (2.0)
十 勝	293 (4.7)	471 (6.8)	482 (5.7)	599 (6.0)	39 (0.7)	478 (17.3)
根 室	537 (8.6)	563 (8.1)	669 (7.9)	512 (5.1)	212 (4.0)	269 (9.7)
空 知	247 (4.0)	245 (3.5)	253 (3.0)	363 (3.6)	82 (1.5)	116 (4.2)
留 萌	168 (2.7)	204 (2.9)	226 (2.7)	284 (2.8)	189 (3.5)	3 (0.1)
日 高	205 (3.3)	175 (2.5)	225 (2.6)	212 (2.1)	34 (0.6)	147 (5.3)
檜 山	38 (0.6)	31 (0.4)	38 (0.4)	53 (0.5)	0 (0.0)	22 (0.8)
合 計	6,212 (100.0)	6,917 (100.0)	8,502 (100.0)	10,032 (100.0)	5,357 (100.0)	2,765 (100.0)

出所：表2に同じ。

振興局で4割強を占めるに至っている。ただし、石狩においても食料品製造業が主要な受入先となっており、これは水産加工だけではなく、本州でみられるように、コンビニ等の弁当や惣菜などの中食の供給事業においても人材確保が困難になっていることを示唆している。

　また表3では、各地域の農業の受入人数を示した。主要農業地域である十勝（17.3％）、上川（16.3％）、オホーツク（12.4％）が上位3地域であり、それぞれ酪農や園芸作が盛んな地域でもある。

　なお、道内における外国人技能実習生の国籍別の受入状況をみると[4]、2015年までは、中国人実習生が7割を占め最大の送出し国であったが、全国と同様に急速な受入拡大とともに、ベトナム人実習生が急増し、2018年現在では、ベトナムが52.1％と半数を占め、次いで中国（34.6％）、フィリピン（6.3％）、ミャンマー（3.0％）、その他（4.0％）である。その他に含まれるのは、タイ・カンボ

ジア・インドネシア等であり、東南アジアを中心に国籍の多様化も進んでいくことが予想される。

(2) 道内農業分野の受入動向とその特徴

　前節でみたとおり、北海道農業において、1990年代中頃以降に労働力不足が顕在化してきたが、外国人材の受け入れも同時期から始まった。農業分野で技能実習生の受け入れが制度的に認められたのは2000年以降であり、1990年代は、1年以内の数ヶ月間を外国人研修生（在留資格「研修」）として受け入れていた。2000年以降も本州産地とは異なり、冬期の農閑期がある道内では1年未満の短期間の受け入れが中心で、2年目以上の長期受け入れを可能とする在留資格「技能実習」を活用するところはほとんどない状態であった[5]。

　道内の農業分野で、外国人技能実習生が本格的に受け入れられるようになったのは、入管法の改正（2009年）を受けて在留資格「技能実習」が正式に設けられた2010年以降である。在留資格「研修」では、現場での実作業に携わらせることができなくなったためであるが、以降は、初年次より労働関係法令の適用を受け、日本人と同等に最低賃金以上の給与を支払うことが必要となり、受入当初に雇用契約も結ばれるようになった。また社会保険も適用された。それまで研修生には、最賃よりも低い水準での研修手当であったことからも分かるとおり、外国人技能実習生の受け入れに係る受入側の費用負担は大きくなり、座学の講習期間や住宅の整備等も含めれば、日本人を雇用するのと同等かそれ以上の手間やコストがかかるものとなった。

　しかし、研修生から技能実習生の在留資格の切り替えで始まった2010年代の技能実習生の本格的な受け入れは、むしろ労働力不足が深刻化するなかで拡大の一途を辿っている。先に見た農業センサスのデータと比較するために、2015年当時の農業分野での技能実習生の受入人数をみると1,868人で、農業センサスでの常雇い実人数が約2.3万人であったことを考えると、外国人技能実習生は8.0%ほどを占めることになる。ここからも、農業分野における技能実習生の重みを実感することができるが、近年の拡大傾向は、さらなる依存深化の方向を示しているということができる。

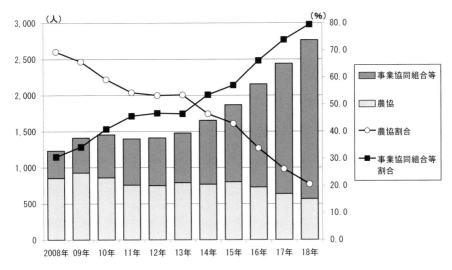

図2　監理団体別にみた外国人研修生・技能実習生の受入人数の推移

出所：表2に同じ。
注：受入人数は、2010年までは外国人研修生を主に、一部技能実習生（特定活動）を含
んだ数値となっている。2011年以降は、すべて外国人技能実習生の受入人数である。

　受入人数の増加傾向は上記の表2でも確認できるが、さらに**図2**では、監理団体を農協と、その他の事業協同組合等に分け、外国人研修生および技能実習生の受入人数の推移を確認している。ここに示されるとおり、道内農業分野において、2010年代以前は主として農協が監理団体としての役割を担い、外国人研修生・技能実習生を受け入れてきた。道内においては、個別経営の規模拡大が進みながらも、消費地から遠隔地にあって、営農支援事業から経済事業まで農協に結集した強固な地域営農システムが維持されてきたことが背景にある。これは早くから外国人技能実習制度への移行を進め、技能実習生の斡旋を行う事業協同組合等が数多く展開してきた本州との大きな相違点であった[6]。

　しかしながら、近年の外国人技能実習生の受入拡大は、事業協同組合等の多様な監理団体によってもたらされている。図2をみると、農協の受入人数に占めるシェアは、2008年当初の7割から2018年には2割まで減少している。外国人技能実習生を受け入れるためには、個別経営の募集とりまとめや入国審査から入国

後の生活支援に至るまで、農協の営農支援事業の一環として実施するには多大な手間とコストがかかり、対応に限界があること、また、地域として組合員農家全体での合意形成を経てから実施する必要があること、そして、大規模経営では個別に大人数を受け入れることで他の専門的な監理団体等と結びつきやすかったことが考えられる。受け入れに係る農協の対応実態については次節でより詳しくみていきたいが、ここでは、近年の特徴として、ルートの多様化を伴いながら、外国人技能実習生の受け入れが拡大してきたという動向を確認しておきたい。

　次に**表4**では、経営部門別の受入状況を示した。2018年現在、道内の農業分野で最も多くの技能実習生を受け入れているのは、全体の51.0％を占めている酪農部門である。耕種部門では、施設園芸で36.2％、畑作・野菜（露地）6.9％が主で、耕種・畜産の割合は、ほぼ4：6という状況となっている。受け入れが急増する前の2014年では、施設園芸を中心とする耕種農業部門が6割を占めており、耕種・畜産が逆転したことも分かる。なかでも酪農は2014年の598人から1,409人と2.4倍の伸びであり、近年の増加は酪農部門を中心として進んだということができる。

　農業分野において北海道は、茨城県、長野県、熊本県に次ぐ実績であるが、他の県は全国有数の青果物産地で、耕種が中心となっていることから、畜産部門の割合が高いことも北海道の特徴である。ただし、耕種部門でも需要がないわけではなく、むしろ制度設計上の受け入れにかかる条件が、道内の耕種部門での受け入れを制限してきたという背景もある。途上国の人材育成という制度目的に照らし合わせ、作業内容も限定され、また、作業がない冬場の農閑期は実習を終えて

表4　職種・作業別にみた技能実習生数の受入状況（北海道：農業分野）

単位：人（％）

	耕種農業	施設園芸	畑作・野菜	果樹	畜産農業	酪農	肉用牛	養豚	養鶏	合計
2014年	994 (60.1)	764 (46.2)	220 (13.3)	10 (0.6)	660 (39.9)	598 (36.2)	14 (0.8)	2 (0.1)	46 (2.8)	1,654 (100.0)
2018年	1,198 (43.3)	1,002 (36.2)	191 (6.9)	5 (0.2)	1,567 (56.7)	1,409 (51.0)	20 (0.7)	29 (1.0)	109 (3.9)	2,765 (100.0)

出所：道庁資料より作成。

表5　農業における「技能実習2号」移行対象職種・作業（2職種6作業）

職種名	作業名	追加時期
耕種農業	施設園芸	2000年3月
	畑作・野菜	2002年2月
	果　樹	2015年4月
畜産農業	養　豚	2000年3月
	養　鶏	2000年3月
	酪　農	2002年2月

注：2020年2月25日時点での全職種・作業は82職種146作業。
出所：厚生労働省「技能実習制度 移行対象職種・作業一覧」および外国人技能
　　　実習機構資料より作成。

帰国するという条件下で、耕種部門では1年以内の短期受入が主となってきた。そのため、毎年新規に大人数の募集をかけなければならず、技能実習生の受け入れを断念した産地もあるのが実態だ。他方で、酪農では搾乳・哺育作業を中心に通年雇用が可能となる点で技能実習制度が活用しやすく、それがシェア拡大となって現れているのである。

　なお、**表5**では、農業分野において、在留資格「技能実習1号（1年目）」から技能実習2号（2・3年目）への移行可能な対象職種・作業である2職種6作業の一覧を示した。この移行対象職種が限定されていることも、道内農業では制度の「使いづらさ」の原因になっている。例えば、ここには酪農とともに畜産の主力である肉用牛は含まれていない。そのため、肉用牛は通年で保育・育成・肥育にかかる作業があるとしても、1年未満での受け入れに制限されているのである。また、先述のとおり、道内では、稲作経営や畑作経営で複合部門として野菜作が導入されているため、技能実習生が携わる作業計画は、複合経営の中の部分的作業に限定されてしまうという事情もある。

　近年では、このような外国人技能実習制度の各種制約が、特定技能という新たな在留資格や技術ビザへの期待となって、外国人材の受入状況にも変化が現れてきている。

（3）外国人雇用の新たな動向

　農業における外国人材の受け入れは、今日でも技能実習制度を中心にしている

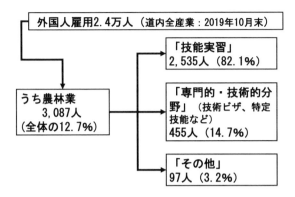

図3　道内農林業における外国人材の受入状況（2019年10月末現在）
出所：厚生労働省北海道労働局「外国人雇用状況の届出状況（令和元年10月末現在）」より作成。
注１：農林業3,087人のうち林業での雇用は9名ほどであり、ほぼ農業分野での雇用と考えて良い。在留資格の区分で林業と農業の内訳が不明のため、ここでも農林業として示している。
注２：その他の内訳は、多い順に、身分に基づく在留資格56人、資格外活動（留学等）27人、特定活動14人である。

が、他の在留資格によるものも増加しており、労働力不足の中で今後も無視し得ない存在になっていくことが想定される。それは、すでに外国人技能実習生のみでは外国人労働者の問題を考えられない段階に来ていることを示している。

　図3では、北海道労働局の最新資料によって、2019年10月現在の道内農林業分野における外国人材の受入状況を示した[7]。農林業で雇用されている外国人は3,087人であるが、うち外国人技能実習生（在留資格「技能実習」）は82.1％を占める2,535人と依然として大半を占めるものの、高度人材としての技術ビザ（技術・人文知識・国際業務ビザ等）や新設された特定技能を含む「専門的・技術的分野」が14.7％、その他で3.2％と、2割弱はすでに他の在留資格での外国人労働者で占められている。

　外国人技能実習制度との関係でいえば、特定技能の動向が注目される。特定技能は2019年4月に新設され、14業種に限定されているが、高度人材ではなくても技能実習を経た場合、もしくは技能検定試験に合格した場合は「外国人労働者」としての受け入れが可能になる在留資格である。未だ十分な期間を経ておらず、政府の想定ほどに「即戦力」としての受け入れ拡大には至っていない状況にはあるが、農業分野では一定の傾向も見えてきた。

表6　特定技能による在留外国人数（2019年12月現在）

単位：人（%）

	飲食料製造業	農業	産業機械製造業	素形材産業	建設	外食業	造船・舶用工業	電気・電子情報関連	漁業	介護	その他	総計
全　国	557 (30.0)	292 (18.0)	198 (12.2)	193 (11.9)	107 (6.6)	100 (6.2)	58 (3.6)	38 (2.3)	21 (1.3)	19 (1.2)	38 (2.3)	1,621 (100.0)
北海道	30 (34.5)	48 (55.2)			5 (5.7)				1 (1.1)	3 (3.4)		87 (100.0)
熊　本	3 (7.3)	29 (70.7)		2 (4.9)			7 (17.1)					41 (100.0)
千　葉	27 (33.8)	20 (25.0)	1 (1.3)	10 (12.5)	6 (7.5)	4 (5.0)	7 (8.8)		1 (1.3)	3 (3.8)	1 (1.3)	80 (100.0)
茨　城	40 (51.9)	19 (24.7)	1 (1.3)	9 (11.7)	4 (5.2)	2 (2.6)		2 (2.6)				77 (100.0)
長　崎		16 (40.0)					24 (60.0)					40 (100.0)

出所：法務省出入国管理庁資料（http://www.moj.go.jp/nyuukokukanri/kouhou/nyuukokukanri07_00215.html）より作成。

　表6では、出入国管理庁の公表資料により、2019年12月末現在の特定技能（1号）の在留外国人数を、全国総計とともに農業での受け入れ上位5道県に着目して示した。この時点で、北海道は農業で48人と全国最多の受入人数であり、また、道内の動向をみると、最大の技能実習生の受入先であった飲食料製造業よりも先行して、農業が特定技能を受け入れている状況がみてとれる。同資料の業務区分別の状況をみると、農業では、耕種農業と畜産農業に区分されており、道内では48人のうち、耕種26人、畜産22人で、特定技能については耕種部門が若干多くなっている。

　'様子見'状態とも言われ、未だ特定技能は大きな受入人数にはなっていない。しかし、雇用者に代わって特定技能にかかる業務を受託する登録支援機関は、すでに道内で100団体を超えており、大半が技能実習制度の監理団体としての資格を持つ組織あるいは人材派遣業者である。制度的な認知や体制整備のほか、許認可手続きが円滑に進むようになれば、道内の各産業においても特定技能の受け入れが徐々に進展していく方向にあることが推察される。

　道内農協ですでに登録支援機関となっているのは3JAのみであるが、これらはすべて監理団体として技能実習生を受け入れてきた農協である。また、太田（2020）ではJA北海道中央会のアンケート調査結果が示されたが、そこでは今後、登録支援機関になることを検討している農協がいくつか存在するほか、JAグループとしても特定技能の受入支援への関与が検討されていることも示されている。

　特定技能は、外国人技能実習制度を前提に設計され、3年の実習期間を終えた技能実習生（2号）であれば、すでに帰国している者も含めて、技能検定試験なしで特定技能へと在留資格を変更できる。実際、この時点での特定技能による在留者はすべて技能実習からの切り替えである。当面はこれまで受け入れてきた技能実習生が‘人材のプール’となっていくだろう。

　ただし、道内の耕種部門では、大半が1年未満（1号のみ）の短期間の受け入れを行ってきた産地が多い。この場合は、実習生をそのまま特定技能に切り替えることはできない。従って、本州の農業分野で実習経験がある技能実習生が道内で雇用されることも考えられる。さらに、直接雇用が原則である特定技能にあって、季節性が高い農業では、派遣形態での受け入れも認められている。北海道でも、すでに農業特定技能協議会に派遣業者が加入しており、この形態での受け入れが増える可能性もある。先述のとおり、耕種部門での受け入れが多い理由もここにあると推察される。

　道内農業において特定技能のメリットは大きい。技能実習制度では、作業が限定されるほか、肉牛農家など1年間（1号のみ）の受け入れに限定されてきた部門もあり、需要がありつつも受け入れが制限されてきた状況である。それに対して、特定技能は耕種・畜産という業種区分しかなく、どのような経営形態でも受入可能である。そして、「労働者」として雇用することで、除雪作業なども含め日本人従業員と同様の作業であれば、様々な業務に携わることが可能となることへの期待も大きいだろう。

　特定技能による受け入れが開始された一方で、道内でそれ以上に増加しているのが、技術ビザでの雇用である。農業分野での技術ビザによる雇用は、堀口健治（2019a）で指摘されているとおり、他県でも同様にみられる傾向である。

　北海道では、酪農・肉用牛など畜産分野でベトナム人の農業大学卒業生を技術

ビザで雇用する事例などが存在している。受け入れにかかる手続きの煩雑さなどとともに、特定技能で畜産分野が少ない理由の1つがここにある。特定技能が12月末段階でも数十名であったことを鑑みれば、前掲の図3で示した高度人材の多くが技術ビザによる受け入れであると推察されるのである。

専門人材としての技術ビザは更新が可能であることから、長期間の滞在が可能であるほか、家族帯同もできる。メガファームのように多くの従業員の雇用が必要で、搾乳のほか繁殖・育成、圃場作業など複数の作業にローテーションで関わる場合、単に作業を行うのみではなく、作業リーダーとして現場を取り仕切る人材が必要となる。つまり、ローテーションでリーダーを務められるような日本人従業員を集めるのが困難な場合に、技術ビザを取得した外国人で補っているのである。特定技能は基本的に技能実習の延長としてみることができるが、技術ビザはこのように求められる役割が異なり、高い給与水準も求められる。大量の雇用労働力を必要とする法人経営の場合、技能実習と技術ビザを並行して受け入れる可能性もある。

以上のとおり、外国人材の受け入れは、当面、外国人技能実習制度を中心としつつも、複数の在留資格や受入ルートの多様化などを伴って進展する新たな段階に移行したということができる。それを前提に、今後は各経営・産地での受入体制の確立において、いかなる課題が生じるか検討していく必要がある。

4．農協による外国人技能実習生の受入実態

前節では、道内農業分野における外国人技能実習生を中心にした外国人材の受入動向について確認してきた。ここでは、本報告者がこれまで行ってきた農協による地域的な受け入れの実態調査から見えてきた現状と課題をまとめていきたい。

（1）農協による外国人技能実習生の受入方式の多様化

調査結果に先立ち、道内農協による外国人技能実習生の受入状況と特徴を明らかにするために、表7では、監理団体と実習実施者に大別してまとめている。

道内には現在108の農協があるが、22農協で技能実習生を受け入れている

表7　道内農協における外国人技能実習制度の活用状況（2020年1月現在）

単位：JA数

農協が管理団体として監理業務実施	一般監理事業（3号まで受け入れ可能）	3
	特定監理事業（2号まで受け入れ可能）	13
	計	16
農協が実習実施者として受け入れ	農作業請負方式	4
	その他	2
	計	6
総　　　計		22

出所：JA北海道中央会からの聞き取り調査より作成。

（2020年1月現在）。そのうち農協が監理団体となって、組合員農家が実習実施者として受け入れているのは計16農協である。多くは技能実習2号（3年間）までの受け入れを行う農協であるが、酪農専業地域に所在し、長期間の受け入れを期待する3農協でのみ、技能実習3号（5年間）を受け入れられる一般監理事業を実施している状況だ。3号まで受け入れるためには、優良団体として認定される必要があり、そのための許認可にさらに多くの手続きを要することになる。そのため、道内では、1号のみでの受け入れを行う耕種部門はもとより、酪農地域でも、3年以上の長期受け入れを考えているところは少ない状況にある。

　また、上記の図3でみた監理団体としての農協の関与の縮小はこれら16農協の部分を指している。受入人数が減少・停滞傾向にあるだけではなく、監理団体数としても農協は減少しているのである。道内で28農協が監理団体を担っていた2013年からみれば、10農協以上が監理団体としての役割を停止したことになる。

　だが、監理団体を担う農協が減ったことが、そのまま外国人材の受け入れに対する農協の関与・役割が小さくなっていると一概に言えない状況もある。表7に示したとおり、近年は、実習実施者として、直接農協が受け入れる事例が増えている傾向が北海道ではみられている。つまり、農協が主体となって地域ぐるみで外国人材を受け入れるという道内農業の特徴は、関与の仕方を変えつつ、一定維持されているということもできるのである。

　農協自体が実習実施者となる場合には、表7にあるように、農作業請負方式と、

その他に分類されている農協の加工施設（食料品製造業として）等で受け入れる場合がある。ここでは、近年、農協が実習実施者となる場合に多く採用されるようになった農作業請負方式について説明しておく。

　農作業請負方式を実施するのは道内の畑作地域である。通称「農協方式」ともいわれるように、農協が技能実習生を受け入れ、夏場は請負契約の結ばれた組合員農家の圃場で作業し、冬の農閑期には農協の選果場などで働くというものである。これにより、耕種部門でも通年雇用が可能となり、少数の実習生で複数の農家圃場での作業を行うこともできるほか、受け入れにかかる監理業務は監理団体に任せることによって、農協の負担も軽減されるメリットもある。

　ただし、あくまで農協事業の実習として受け入れられていることから、専門的に実習生の指導を行うスタッフを確保して、圃場等の現場では職員が指示を出すなど、請負偽装とならない対処が求められるとともに、道が事務局となる第三者管理協議会の設置と監督が義務づけられている。また、これまで農業分野の技能実習においては、技能実習生が農畜産物の加工・製造に携わることはできなかったが、「関連業務」の1つとして加工作業が追加され、実習時間全体の1/2以下であれば可能となった。農作業請負方式では、技能実習にかかる必須業務（実習時間全体の1/2以上）以外に認められている関連業務、周辺業務（実習時間全体の1/3以下）を組み合わせることで制度上問題なく運営できることが可能となっているのである[8]。

　農協が監理団体となってきた従来の受け入れでは、農協は技能実習生の受け入れのために、送出し機関とのやりとりや、実習生の出入国の申請書作成、事前研修の実施など、監理団体としての多大な業務負担が存在した。他方で、農作業請負方式においては、それら業務は監理団体が担う。しかし、それに変わって、農協は技能実習生と雇用契約を結び、組合員農家と請負契約を結んで農業実習を必須業務として行い、また、農協内で農業経営の座学のほか、関連業務・周辺業務として、加工・出荷作業を実習生に用意し、そして、監理団体の監督も受けつつ、第三者管理協議会の指導を受けるというように、複雑な関係性を前提として受け入れを行うこととなっている。

　農協方式は通年での受け入れが可能となる他、少数の技能実習生で多数の組合

員の圃場作業での労働力補完が可能となるなどのメリットもある一方で、十全な受入体制の整備が、従来とは別のかたちで必要となっている。また、請負作業においては、必ず一定の農業経験のある職員が帯同する必要があるため、大人数を受け入れることができない。そのため、園芸産地のように収穫労力として期待し、多数の技能実習生を受け入れている産地には不向きであり、一定の機械化を前提にして、圃場での労働力補完として実習生を受け入れる畑作・露地野菜産地に向いたシステムであるということができる。

2017年に道東の1農協から始まった農作業請負方式は、現状では畑作地域の4農協が実施するまでになっており、今年も新たに始める農協が存在する。ここにみられるように、各種制約がある技能実習制度にしても、新たな方式が導入され、多様な手法で地域農業の実状に合わせて活用してきたのが北海道の特徴の一つである。

（2）技能実習生の受入実態

年間2,700人（2018年）を超える道内農業分野の外国人技能実習生は、地域農業の維持にとって欠かせない存在になっていることは間違いない。とくに受入先は酪農や施設園芸、畑作・露地野菜に集中しており、それら部門や特定の地域にとっては、「労働力」として相当の重みを持っているということができる。

以下では、道内の先進的受入産地であり、研修生の時代から1年未満の短期受け入れを20年以上にわたって継続してきた野菜産地A農協と、大規模酪農専業地域のB農協での事例を取り上げ、受入実態を具体的にみていく。

1）野菜産地の事例（A農協）

大規模露地野菜産地のA農協は、1996年から外国人研修生の受け入れを開始した道内でも先進事例である。2019年は51名（男性34・女性17）の中国人実習生を28戸の農家が受け入れた。受入農家の平均経営規模は20〜50haで、アスパラ、スイートコーン、ばれいしょ、カボチャなど露地野菜生産を中心にしている経営が大半である。労働力が不足すれば、小麦・大豆等の作付けを増やしている。各経営で1〜2名の実習生が受け入れられ、4月から10月末までの7ヶ月間の短期

受け入れとなっている。中国人実習生は4月に入国し、2週間の講習期間を経て、4月下旬からまずはアスパラの収穫作業を行い、その後、スイートコーン・カボチャ等の移植や誘引・除草作業、スイートコーン・ばれいしょ、カボチャの収穫・出荷作業を行っていく。

　実習生の賃金は北海道の最低賃金が適用され（2019年10月であれば861円）、週40時間を基本としながらも、残業・時間外が発生することから、月あたりの平均17〜18万円の給与となる。実習生は地域内に農協が準備した12ヵ所の宿舎に分散して共同生活を送り、そこから各農家に通っている。宿舎および光熱費・Wi-Fiの支払いは平均計1.7万円ほどが徴収されるのみである。これら費用が低く抑えられているのは、自治体からの支援の存在がある。A農協が管内とする自治体では、廃校になった教職員宿舎等を実習生の住居として無償で提供しているほか、年間数十万円の運営補助金を拠出している。

　実習生は中国の農村出身であり、年齢は29〜44歳まで、平均36歳と多少高くなっている。数ヶ月間だけの実習を希望してA農協に来る中国人実習生の多くが、子供の学費のために来ているということであった。

　受け入れている農家の負担は実習生に支払う賃金のほか、送出し機関に支払う管理費、農協管理費、渡航費、講習費など諸経費を合算すれば、実習生1人を7ヶ月間受け入れることで150万円以上となる。これは日本人パートを雇用することと比べ決して低いものではない。それでも、農繁期に安定して作業に従事してくれる実習生は受入農家にとって欠かせない存在となっているのである。

2）酪農地域の事例：B農協

　大規模酪農専業地域に所在するB農協は、道内では比較的早く2004年から技能実習生の受け入れを開始した農協である。調査を行った2018年には20戸の農家で計31人のフィリピン人実習生を受け入れていた。20戸のうち1戸のみ法人経営で、残りは家族経営である。飼養頭数規模でみると、B農協管内の平均規模である約150頭規模以上で実習生を受け入れていることが多い。最も多い形態としては「家族労力（経営主・妻・（後継者））」＋「技能実習生（1〜2名）」である。B農協には85戸の酪農家があり、そのうち半数弱で日本人もしくは技能

実習生で雇用労働力を賄っているが、日本人従業員は地域全体で20名ほどしか存在しないということからも、この地域での実習生の重みがうかがわれる。

　実習生は全て女性で、平均年齢は約26歳である。実習作業の内容は、ミルキングパーラーでの搾乳作業を担っており、農業機械を操作するような圃場での作業はさせない。搾乳や哺育といった作業は、経営主の妻など家族内の女性が担ってきた作業であるが、頭数規模の拡大により、妻のみでは賄いきれない作業をフィリピン人実習生が補完しているということができる。

　搾乳は早朝（5時〜9時）と晩（16〜20時）の各4時間、計8時間/日（週40時間）で、そもそも時間外労働が発生するが、残業は一定発生するとしても、長時間は行わせないことを農協は徹底して指導している。これは制度遵守と過剰労働を防止して、継続的にこの制度を活用していくためでもある。しかし、3年間でより多くの収入を得たい技能実習生側からは、「もっと働きたい」と要望されることもある。技能実習生の賃金は、A農協と同様に地域の最低賃金が適用されている。

　酪農では、早朝と晩に作業があるため、実習生は酪農家の敷地内で生活をする。しかし、生活上のトラブルやプライバシーを確保するために、経営主が暮らす住居とは別棟での居住空間を用意することが受入農家には義務付けられており、実習生には必ず個室が与えられる。昼間は休憩時間になるが、1年目の技能実習生は、秋には2号への移行するための試験勉強を農協の施設に集まり集団で行っている。講習代や受験費用も受入農家の負担である。

（3）農協による受入体制の整備と課題

　事例にも示されるとおり、監理団体となって受け入れている農協では、外国人技能実習制度の本音と建て前に矛盾を感じつつも、法令遵守の徹底を図ってきた。言うまでもなく、それが持続的に技能実習制度を活用する唯一の方策だからであり、労働力不足が深刻な地域だからこそ、受入農家に対する指導を徹底し、パワハラ等の人権問題の発生や賃金不払い、長時間労働といった不正行為と認定されかねない事態を未然に防ぐこと、そして、実習生が不満なく帰国できるために最善を尽くすことを重視してきたのである。

　各農協では、まずは作目別部会と同様に、すべての受入農家が加入する協議会を組織し、適正な実習活動を指導する体制を整えている。1件でも不正が起これば、地域全体で実習生の受け入れが停止されるという事態になりかねないため、各農協の担当職員は、定期的に受入農家を巡回し、実質的な監督業務を行っている。とくに家族経営で雇用経験が浅い組合員農家には労務管理の指導も重要となる。ある農協では、受入農家・実習生の両者に確認をとって、作業日誌などから残業代の支払いをチェックし、受入農家と実習生の間のトラブル防止に努めている。

　上記2事例では、通訳や生活上の相談をできる常駐スタッフを確保していた。A農協では中国人専任職員を正規雇用しており、B農協では、フィリピン人ということで、地元在住の退職した英語教諭が準職員として雇用されている。実習生の作業内容上、大きな事故は起こりにくいとしても、軽微な怪我や病気は日常的に発生する。農村部の病院では通訳は常駐していないので、通院時に付き添って通訳ができるスタッフの確保は重要となる。

　実習生の生活支援において、家族といつでも連絡が取れるように住居にWi-Fiを完備することは必須条件となっている。また、それだけではなく、不慣れな生活環境での実習生の孤立化を防ぐために、実習生に夏祭りや小学校の運動会などに参加してもらうなど、地域ぐるみで受け入れる雰囲気の醸成に尽力しているところもある。その他、女性部が主体となって、蕎麦打ちや豆腐づくりなど、食を通じた交流会を開催している地域や、地元スーパーと契約し、食材等の生活物資の宅配サービスを実施している事例も存在した。

　労務管理から生活面の支援まで受入体制を整備したとしても、トラブルが発生しないわけではない。多数の実習生を受け入れる農協のなかには、人間関係のトラブルや、病気での途中帰国、失踪等の問題が多少なりとも発生している。とくに注目されたのは、これまで調査を行ってきた農協の多くで、送出し機関を変更した経験があることであった。農協では適正に受け入れを行っていたとしても、送出し機関で預り金など不正が行われる場合や、仲介業者が失踪を手引きしていたことなど、事後で判明することも多い。信頼できる送出し機関を確保することも重要な課題であるといえる。

5. 総　括

　農業における労働力不足は、規模拡大や法人化、労働集約型作物の導入といった生産構造の変化に伴い、雇用労働力の需要が増加した一方で、地域内部での調達が困難になるなかで深刻化してきた。とくに北海道農業においては、近隣の地域からの調達、さらには全国へと、広域的な労働力調達により対応してきた。しかし、安定的な労働力の確保には国内では限界があり、その延長線上に外国人技能実習生を中心とする外国人材の受け入れが行われてきたということができる。

　道内の先進地域では1990年代の外国人研修制度時代から受け入れが始まり、2010年以降の技能実習制度への移行を経て、今日まで一貫して「外国人労働力」の受け入れを拡大してきた。さらに近年の状況変化は、農協による農作業請負方式など技能実習制度の活用方法に多様化がみられ、他方で技能実習制度の制約を回避するために、特定技能や技術ビザなど複数の在留資格によって外国人材が受け入れられるようになっている。このような実態を踏まえれば、農業、とくに大規模農業地域における外国人材への依存はさらに深まっていくことが想定される。

　しかしながら、農業分野において、新設された特定技能に対する期待は大きい一方で、外国人技能実習制度が直ちに活用されなくなるとは考えにくい。現状では、農業での特定技能1号は、すべて技能実習2号からの移行者で占められていることからも、むしろ技能実習を特定技能に接続することで、外国人労働者の‘人材プール’としての機能と、新たに職業訓練期間としての意義が付与されたとみることもできる。また、短期間だけ日本で稼ぎたいという外国人側のニーズもあり、すべての外国人が長期滞在を希望しているわけではないことも、1年未満の短期雇用を継続してきた北海道農業の実態からは見えてくる。合わせて、農作業請負方式を活用している産地が増加していることも、外国人技能実習生の活用が継続される根拠となるであろう。

　今後、外国人材を受け入れる際には、技能実習（1号〜3号）、特定技能（1号）、技術ビザが併存しつつ、地域もしくは経営にとって、そして働く外国人にとって、どの在留資格が適しているのか判断することになる可能性が高い。短期か長期か

だけではなく、期待する技能や業務内容によっても、選択される在留資格は異なる。

　すでに技能実習と特定技能など1つの経営において、複数の在留資格で受け入れる場合は、申請手続きだけではなく、生活支援など求められる条件整備も異なってくるほか、在留資格ごとの担当業務に合わせた賃金体系を整える必要もある。これらは、単に法律を遵守するというだけではなく、外国人が不満なく安心して働ける環境づくりのためにも必須である。長期間に渡って受け入れるには、当然、住居の確保など、より多くの手間も費用もかかるであろうし、自治体などの支援を中心に地域の理解醸成も必要になる。

　さらにいえば、技術ビザはもとより、特定技能でも労働者として転職の自由が認められている。しっかりとした受入体制をとらなければ、別の雇用先への移動を招きかねないことにも留意すべきである。賃金も地域の最低賃金水準のままで良いのか検討が必要な時期にきている。

　生産年齢人口が今後も減少傾向にある中で、北海道農業の労働力不足はさらに進むと考えられる。広域的な労働力調達がはらむ潜在的なリスクはあったとしても、すでに欠くことはできない外国人材である。労働環境・生活環境の整備、雇用条件の改善、適正な労務管理により、外国人から「選ばれる産業・地域」になることが目指されるべき段階にきている。

　今回取り上げた事例のように、北海道では地域農業維持のため、継続的に技能実習制度を活用することを目指し、雇用に慣れていない農業者の労務管理の徹底のほか、生活インフラが脆弱な農村地域においては、住宅や通訳の確保、生活面での支援などにより、実習生が不満なく生活しうるような受入体制の整備が目指されきた。ここからは、受入側の利点のみではなく、不慣れな地域で働く外国人労働者側の視点に立った対応が求められていることが示唆される。全般的・恒常的な労働力不足の下で、仮に受入側の「使い勝手」が先行し、人権侵害などで批判を浴びる事態になれば、地域も産業も外国人材からも見放されるという危機意識も現場では芽生え始めている。

　政府は「即戦力であり、移民政策ではない」としている。だが、現実には、更新可能な技術ビザでの雇用もみられ、より長期間にわたって農業を支える人材と

しての外国人の受け入れは始まっている。

　外国人材の受け入れは、すでに雇用する農家・企業だけの問題ではなく、地域でともに生活する者として、そして地域の基幹産業を支える担い手として、地域住民全体で考えるべき問題になりつつあるということができる。

〔注〕

1　泉谷眞実（2009）、今野聖士（2015）、高畑裕樹（2019）を参照。
2　農水省の農林業センサスでは、農業経営のために雇った雇用者を「常雇い」、「臨時雇い」の2つに分類している。常雇いは、雇用契約に際し、あらかじめ7ヶ月以上の期間を定めて雇った人、もしくは期間を定めずに雇った人を指す。臨時雇いは、日雇い、季節雇いなどのほか、手間替え・ゆいといった地区集落内の労働交換や、金品の授受を伴わない無償の手伝いも含まれている。
3　厚生労働省北海道労働局「外国人雇用状況の届出状況（平成30年10月末現在）」参照。https://jsite.mhlw.go.jp/hokkaido-roudoukyoku/content/contents/H30.10.pdf
4　北海道経済部「外国人技能実習制度に係る受入状況調査（各年次版）」を参照。
5　農業分野における外国人材の受け入れにかかる制度の展開については、堀口健治2019aに詳しい。
6　八山（2014）によれば、2012年当時の全国の農業分野では、すでに「事業協同組合は全体の8割近くを占める（p.9）」とされており、現在の道内の状況は、そこに近づいていったということができる。しかし、本文でも触れているとおり、近年、道内農協では、監理団体としてではなく、実習実施者として受け入れる事例も増えており、一概に農協の関与が縮小しているだけとはいえないことにも留意が必要である。
7　厚生労働省北海道労働局「外国人雇用状況の届出状況（令和元年10月末現在）」参照。https://jsite.mhlw.go.jp/hokkaido-roudoukyoku/content/contents/H30.10.pdf
　　在留資格別の状況は林業と農業が合算された数値でしか示されていないが、林業での外国人雇用は9名であることから、ほぼ農業での雇用状況としてみてよい。
8　農作業請負方式技能実習については、法務省入国管理局・厚労省人材開発統括官・農水省経営局が連名で2017年9月に提示した文書「農協等が実習実施者となって行う技能実習について」のほか、農水省が2018年6月に示した文書「農作業請負方式技能実習に関するガイドライン」をWeb上で参照することができる。https://www.maff.go.jp/j/keiei/foreigner/attach/pdf/index-9.pdf

〔参考文献〕

安藤光義（2017）「技能実習生導入による農業構造の変化－国内最大規模の技能実習生が働く茨城県八千代町の動き－」堀口健治編著『日本の労働市場開放の現況と課題－農業における外国人技能実習生の重み』筑波書房、pp.63-79。

泉谷眞実（2009）「農業雇用の動向と農業労働力問題－「農業雇用の地域システム」－」北海道農業研究会『北海道農業№36』、pp.83-95。

泉谷眞実・今野聖士（2013）「農業労働市場に関する主要分権と論点（第2章）」美土路知之・玉真之介・泉谷眞実編著『食糧・農業市場研究の到達点と展望』筑波書房、pp.27-44。

岩崎徹編著（1997）『農業雇用と地域労働市場』北海道大学図書刊行会。

太田慎太郎（2020）「どうなる外国人材の受け入れ－特定技能に関するJAグループ北海道の動向」『ニューカントリー2020年3月号』北海道協同組合通信社、pp.37-39。

神山安雄（2017）「農業法人における雇用と技能実習生の位置」堀口健治編著『日本の労働市場開放の現況と課題－農業における外国人技能実習生の重み』筑波書房、pp.80-92。

北倉公彦・池田均・孔麗（2006）「労働力不足の北海道農業を支える「外国人研修・技能実習制度」の限界と今後の対応」北海学園大学『開発論集第77号』、pp.1-55。

北倉公彦・孔麗・白崎弘泰（2011）「外国人技能実習における効果的技能実習方式の提案－北海道農業の実態に即して」北海学園大学『開発論集第88号』、pp.77-111。

軍司聖詞（2012）「外国人技能実習生の監理におけるJAの役割」日本農業経済学会『2012年度日本農業経済学会論文集』、pp.254-259。

軍司聖詞（2017）「タイプ別地域別にみた外国人技能実習生の受入れと農業との結合」堀口健治編著『日本の労働市場開放の現況と課題－農業における外国人技能実習生の重み』筑波書房、pp.31-62。

今野聖士（2015）『農業雇用の地域的需給調整システム－農業雇用労働力の外部化・常雇化に向かう野菜産地－』筑波書房。

佐藤忍（2017）「日本の農業労働市場はどうなっているのか－多様化する雇用実態－」『農業と経済2017年6月号』昭和堂、pp.16-26。

高畑裕樹（2019）『農業における派遣労働力利用の成立条件－派遣労働力は農業を救うのか－』筑波書房。

徳田博美（2019）「農業労働力不足の実態と外国人労働者の役割」『農業と経済2019年12月号』昭和堂、pp.15-23。

八山政治（2014）「外国人技能実習制度の現状と課題－農業分野の技能実習を中心に－」『農村と都市をむすぶ（第64巻2号）』全農林労働組合、pp.4-14。

八山政治（2017）「農業分野における外国人技能実習制度の歴史と現状」『農業と経済2017年6月号』昭和堂、pp.27-32。

堀口健治（2017）「農業に見る技能実習生の役割とその拡大－熟練を獲得しながら経営の質的充実に貢献する外国人労働力－」堀口健治編著『日本の労働市場開放の現況と課題－農業における外国人技能実習生の重み』筑波書房、pp.14-30。

堀口健治（2019a）「技能実習生の農業への入り方・その推移と広がり－質量ともに急速な拡大を示す外国人－」『農村と都市をむすぶ2019年9月号』全農林労働組合、pp.8-15。

堀口健治（2019b）「農業で働く外国人の現況と新在留資格（特定技能）等への展開」『農業と経済2019年12月号』昭和堂、pp.6-14。

宮入隆（2018）「北海道農業における外国人技能実習生の受入状況の変化と課題－制度改正を

目前に控えた2016年までの分析結果－」北海学園大学開発研究所『開発論集第101号』、pp.117-143。

宮入隆（2020）「どうなる外国人材の受け入れ－道内における現状と課題」『ニューカントリー2020年3月号』北海道協同組合通信社、pp.34-37。

—— 日本労働社会学会年報第31号〔2020年〕——

現場報告・移住労働者の生活と権利のために
—労働運動から見た現状と課題—

坂本　啓太
(全統一労働組合)

はじめに

　全統一労働組合は一人でも入れる労働組合、いわゆる個人加盟ユニオンです。1970年に結成された後、1983年に労線統一問題の議論で上部単産加盟問題をめぐって東京・黒門町を事務所に再スタートしたのが、現在の全統一労働組合となります。外国人労働者との活動が始まったのは、1990年。1992年には金属プレス作業で負傷したバンクラデシュ人労働者の労災申請を支援したのがきっかけで、外国人労働者分会が結成されました。

　以来、中小零細企業で働く仲間、高齢者、若者、非正規雇用の仲間だけでなく、国籍、文化の違いを尊重した労働者の権利向上の運動に取り組んできました。今では、外国人労働者分会には40カ国以上からの組合員がいます。「日本人も外国人も権利を主張していこう」と1993年に初めて行った外国人春闘は、神奈川シティユニオン、全国一般労働組合東京南部など外国人労働者を組織する労働組合や東京労働安全衛生センター、そしてけんり春闘と連携して組織してきました。移住労働者をめぐるネットワークの輪は広がり、今では労働組合、市民団体、NPOなどたくさんの仲間とともに毎年3月、「マーチ・イン・マーチ（March in March）」として移住労働者の権利向上、多民族・多文化共生のイベントも開催しています。

　この報告では外国人・移住労働者は働く仲間であることを念頭に、技能実習制度を中心に外国人・移住労働者の権利状況と労働実態をお伝えします。それとともに、どうすれば彼ら彼女らが自らの生活と権利のために連帯し、職場や地域で

活動する基盤を手に入れることができるのか。私たち運動に取り組む側の課題についても報告したいと考えています。

1．移住労働者、外国人労働者

（1）移住労働者、外国人労働者とはだれか──統計から

　現在、日本には約273万人の在留外国人がいます（**図1**）。現在日本で就労が認められている在留資格は、「医療」「報道」「経営・管理」などの専門的技術的分野、永住や定住、配偶者など身分に基づくものそして「技能実習」があります。一方、就労が認められていない在留資格についても資格外活動許可を受ければ、一定の範囲で就労が認められるものがあり、「留学」や「家族滞在」であれば週28時間まで働くことができます。ただ、就労ができると言っても日本人の配偶者や日系人の定住者など身分に基づく在留資格には職種の制限はありませんが、それ以外には業種や職種が限定されています。また、難民申請中の者は「特定活動」という在留資格で働いています。最近では外国人建設・造船就労者受入や国

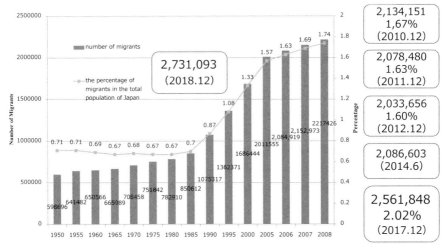

図1　日本の外国人登録者数・在留外国人数

出典：国立社会保障・人口問題研究所「人口統計資料集（2020）」表1-3、表10-1より全統一労働組合が作成。

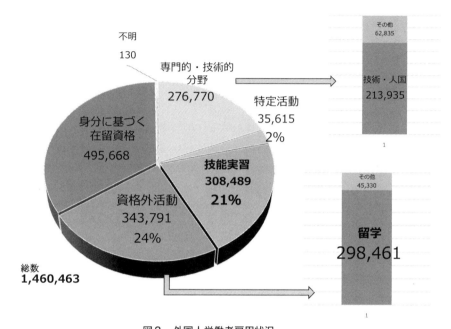

図2　外国人労働者雇用状況
出典：厚生労働省（2019）より全統一労働組合作成。

家戦略特区による外国人受け入れ推進で、家事支援、農業支援などもこの「特定活動」が活用されています。

　図2は、厚生労働省の「『外国人雇用状況』の届け出状況まとめ」をもとに作成したものです。これは雇用者が届け出たものをまとめたものなので、実際にはもっと多いと思うのですが、「留学生」「技能実習生」を中心に2014年の78万人から2018年には146万人とほぼ倍増し、2018年で見ると、「技能実習」（31万人）が21％を占めています。

　2018年の「技能実習」の出身国です（**図3**）。2003年頃から2010年頃までは中国が新規入国では8割を占めていたのですが、その後、ベトナムが増え、現在はベトナムが半数、中国は4分の1となっています。中国が減少した第一の理由は経済成長で労働者の賃金が上昇したためですが、帰国した中国人実習生から日本の「技能実習」では稼げない、労働条件が悪いという評判を聞いたこともわ

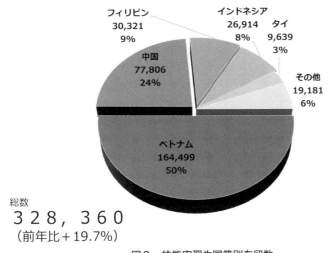

フィリピン
30,321
9%

インドネシア
26,914
8%

タイ
9,639
3%

中国
77,806
24%

その他
19,181
6%

ベトナム
164,499
50%

総数
３２８，３６０
（前年比＋19.7%）

図3　技能実習生国籍別在留数

出典：法務省 (2019) より全統一労働組合作成。

かっています。一方、ベトナムではベトナム政府が経済政策の一環として労働者
送出政策を積極的に展開しているので、中国の送り出し機関・企業の担当者が今、
ベトナムに移って活動するようになっているとの情報もあります。

（2）問題の中心にある技能実習制度

　日本で働く外国人の数は一貫して増加傾向にありますが、やはり2010年代半
ばからの増加は急激です。直接的には第2次安倍政権発足の翌年の2013年にオ
リンピック・パラリンピックの東京開催が決定し、「日本再興戦略改訂2014」で
外国人材の受け入れ拡大の閣議決定が行われたからです。以降、「外国人材受入
れ拡大」という政策のもと、「外国人技能実習生」の活用が拡大し、先ほど見た
ように、技能実習生がほぼ5年で倍増しました。

　外国人技能実習制度は、開発途上国への技術移転を名目に「研修」を拡充する
という訳のわからない概念をつくり出し、在留資格もつくらず1993年に創設さ
れたものです。実際には働いているのに「単純労働者は受け入れない」という建
前のもとで人権侵害や時給300円に象徴される低賃金長時間労働などの労働基準

破壊が横行してきました。2007年にはアメリカ国務省の人身売買年次報告書が
問題を指摘し（同報告書は2019年まで毎年）、2008年以降、国連自由権規約委
員会、国連女性差別撤廃委員会や国連人身売買特別報告者、国連移住者に関する
特別報告者からも連続して毎年のように勧告が出されました。こうして2010年、
改正入管法が施行され、研修と技能実習が分離し、在留資格「技能実習1号・2
号」が創設されました。2017年には「外国人技能実習法」が施行され、「監理団
体」の規制を強化するとしました。しかし、現在も労働問題、人権問題があとを
絶ちません。入管による「失踪者」の聞き取りに対する野党の調査ではその3分
の2が最低賃金以下で働いていたとのことです。

（3）労働組合に寄せられる相談の傾向と内容

こうした変化は全統一労働組合の労働相談でも見られます。相談の国籍別割合
を見ると2015年では日本約21％、ベトナム15％、フィリピン・インド・中国がそ
れぞれ8％でしたが、2018年ではベトナム24％、インド17％、日本・フィリピ
ンがそれぞれ12％となっています（図4）。中国国籍の人の相談はガクッと減少
し、ベトナム国籍の相談が急に増加した感じです。雇用形態別でも、2015年は

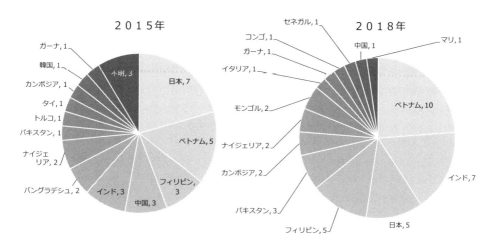

図4　労働相談国別件数（2015年〜2018年）

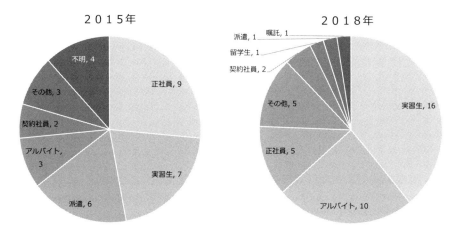

図5　雇用形態別件数（2015年〜2018年）

正社員（26％）が多く、派遣（15％）、契約社員での雇用契約で働いている人が中心でしたが、2018年になると、実習生が38％を占めるようになりました（**図5**）。実習生の相談の中心はベトナム国籍。アルバイト（24％）は留学生からの相談が中心となっています。

　相談内容は労災、賃金、労働時間、残業、労働条件、年金脱退一時金の問題、就業規則など様々です。この間、明らかになったのは東京電力福島第一原子力発電所事故に伴う除染作業の問題です。型枠施工や鉄筋施工の職種で技能実習生として来日したベトナム人男性を受け入れた建設会社が実習計画にはない除染作業や避難指示地域での配管工事に従事させていました。作業者の確保が困難な除染作業に日本人作業者の3分の1の日給で従事させ、彼らの健康不安への配慮もありませんでした。2019年9月、ベトナム人男性3人は福島地裁に提訴し、弁護団も結成、多方面からの支援が始まっています

　女性の技能実習生の場合、セクハラだけでなく、妊娠に対するひどい扱いが表面化しています。技能実習生も日本の労働法が適用されるのですから、妊娠中の母性保護は適用されますし、妊娠・出産による不利益取り扱いは禁止されています。妊娠を理由とする強制帰国も違法という判決が出ています。しかし、技能実

習生の増加と共に、妊娠がわかると受け入れ企業や監理団体から中絶を求められる、強制帰国させられるというケースが増加しています。送り出し機関と妊娠すれば帰国という契約を結ばされている場合もあり、相談できないまま中絶する、あるいは失踪するなど追い詰められます。こうした事例、相談をもとに取り組みを強め、2019年3月、法務省、厚生労働省、外国人技能実習機構から妊娠等を理由とした技能実習生に対する不利益取り扱いへの注意喚起が出されたところです。

2．技能実習生に何が起きているのか

(1)「時給300円」が物語る制度の本質

　私たちはNPO移住連（移住者と連帯する全国ネットワーク）と一緒に、移民政策のありかたについて毎年2回の省庁交渉を積み重ね、政策提言を継続的に行ってきました。中でも「外国人技能実習制度」は省庁交渉の焦点のひとつであり、技能実習生の権利保護とともにこの制度自体の廃止を訴えてきました。なぜ私たちが「外国人技能実習制度」を問題視するのか。それはこの制度の本質に奴隷労働、人身売買の構造があるからです。この構造は労働者の職業選択や移動に関する自由を制限し、労使対等の原則を壊すものです。「時給300円」「強制帰国」をキーワードに、私たち全統一労働組合が関わってきた技能実習生のケースから見ていきましょう。

　岐阜の縫製工場で働いていた女性の技能実習生の給与明細です。時給300円と記載されています。残業時間221時間30分で6万550円。寮に帰ってからも内職をさせられています。それが「まとめ」という内職の工賃として記載されています。これを入れて、合計支給額7万円ということになります。控除の欄に食費として1万5,000円となっています。これが現金としての基本給。強制貯金が3万5000円でしたので併せて5万円が基本給。ところが、入管に届けられていた雇用契約書には月額給与12万5,000円となっていました。7万5,000円がピンハネされていました。

　経営者が用意した寮に中国からの女性の技能実習生が暮らしていました。冬は雪も降り、底冷えしますが、この寮のエアコンは故障していて暖房がありません。

部屋の中でダウンジャケットを着て、みんな肩を寄せ合いながら暮らしていました。ひどい住環境の中で働いている。県庁、労働局、労働基準監督署にも申入れをしました。現在も岐阜県下では縫製業で技能実習生が同じような状態で働いています。これがメイド・イン・ジャパンの実態です。

「今はこんなことないよね」と思うかもしれません。しかし、今も政府は「支給予定賃金」しか公表していません。「支給賃金」の実態を明らかにしません。事実、今も最低賃金法違反の事例は後を絶ちません。特に縫製業は相変わらず「時給300円」が多く、監理団体から「これでいい」と指示されるケースもあります。給与明細を残さない、現金支給にする、タイムカードを使わないといった証拠を残さない巧妙な方法も広がっています。ピンハネも横行しています。

ある技能実習生の賃金台帳では基本給16万円となっていました。まともじゃないか──と一瞬思うのですが、実際の支給額を見るとマイナス1万円となっている。実は基本給からいろいろ控除されているのです。まず、家賃5万5千円。この地方都市では結構いいところに住めるような賃料ですが、実際には一つの住まいに技能実習生3人が暮らしていました。水道、ガス、電気、灯油代がひかれる。布団のリース代として月額6,000円、テレビ、冷蔵庫、炊飯器……。これらリース代を全部引いていくとマイナス1万円という勘定です。基本給はマイナスになってしまうので、残業代で月額6－7万円をもらう仕組みになっていました。私たちが「どこの会社からリースしているんですか」と聞くと、理事長は「私がリースしている」と答えました。

自動車関連の縫製を手がける工場では男性の社長が勤務時間内でのトイレの使用回数と使用時間を記録していました。女性たちから1分15円の罰金を取っていたのです。違法というだけでなく、セクハラであり、甚だしい人権侵害です。

（2）強制帰国とその背後

「時給300円」に象徴される実習生に対する権利侵害の構造は、「強制帰国」と表裏一体です。技能実習生には基本的に転職は認められていません。「実習」の受け入れ先企業が決定すれば、3年間、そこで「技能」を修得するというのが建前なので、自由に職業を選び、自由に移動する制度設計にはなっていません。加

えて、技能実習生は日本に来るために保証金として50万円から100万円ぐらいのお金を送り出し機関や監理団体に預けています。失踪あるいは途中で帰国すると没収されることになります。それ以外にも出国手続きや研修費等を求められるので、途中で帰されれば莫大な額の借金を抱えることになります。日本に働きに来るためにお金が必要でその借金に縛られて日本で働く。いわば債務奴隷です。「強制帰国」の恐怖があるので、実習生が職場や経営者に改善を求めることは簡単ではありません。

　2007年、栃木のイチゴ農家で働いていた実習生を成田空港から強制帰国させようとしている映像が残っています。余談ですが、このケースは私にとっても忘れられないケースです。私が専従オルグとして働き始めたのは2013年、書記次長になったのは2015年ですが、そもそもは高校卒業のころから大学時代を通じて、全統一労働組合関連のボランティアや活動のお手伝いをしていました。その時、このケースに関わり、こんな世界があっていいのかと本当に驚いたのです。

　発端は、全統一の事務所にイチゴ農家で働いているという中国人実習生4人が相談に来たことです。時給400円、残業しても500円。休日もなく、パスポートも取り上げられ、携帯電話もパソコンも持たせてもらえない。その相談を受けて担当者は「まずいと思った」と言います。農家側は外部と連絡を取れないようにしているのに休みをもらって東京に来た──。それを知れば何か起きるのではないか。一人が携帯を隠し持っていると聞き、「もしもの時はすぐに連絡を」と言って帰したその3日後に、実習生が農家のトイレから「今、警察が来て、荷物をまとめ帰国だと言っている。車も用意してある」と連絡してきたのです。私たちは成田空港の中国国際航空の搭乗手続きカウンターに急行、待機しました。そのやりとりの中で、実は警察と言っていたのは、実習先の農家に雇われた警備員だったと言うことでした。「本物」の空港警察の立ち会いの下で、実習生を無事シェルターに保護し、それ以外の実習生を含めて農家には補償をさせました。

　北陸の縫製工場で働いていた実習生を保護したケースでも、監理団体の男性職員が空港に連れて行き、手続きを進めていました。撮影された映像には「私、帰りたくない」と実習生が繰り返し抵抗している様子が残っています。搭乗手続きをさせようとカウンターへ引っ張っていこうとする男性は「運転手だ」「空港ま

で連れてくるように言われただけだ」とやはり身分を偽っていました。このケースでわかるように、「受け入れ先」である経営者から実習生に関する連絡があれば、その受け入れ企業に実習生を仲介した監理団体が「強制帰国」を進めていきます。クリーニング工場で働いていた中国人実習生6人が「技能実習にはクリーニングという職種はない。時給も安く、法律を守ってもらいたい」と社長に話したところ、数日後に15人ほどが彼女たちのアパートになだれ込んできてマイクロバスに無理矢理乗せようとしました。そのうち二人は機転を利かせて逃げましたが、最終的に保護した3人のうち一人は大けがをしていました。

(3) 法律ができても変わらない奴隷労働の構造

「時給300円」「強制帰国」は、技能実習制度に著しい支配従属関係と基本的人権の制限という奴隷労働、人身売買の構造が埋め込まれていることを象徴するものです。基本的人権の保障も対等な労使関係もない状態では、劣悪な労働環境は放置されます。経営者も同僚も相手が従属的な弱い立場にいることを感じ取って人権侵害と暴力を繰り返すことになるのです。

　スーパーで大葉が5枚一束で売られているのを見かけると思います。手袋も用意されないまま出荷作業をしていた技能実習生の工賃は一束5銭、時給500円にもならない。両手は荒れてひび割れ真っ赤に腫れていました。建設業で働くベトナムからの実習は足を伸ばすこともできない押し入れのような場所を居住空間としてあてがわれていました。食品加工の経営がうまくいかなくなり、社長が受け入れていた女性の技能実習生を接客業で働かせてピンハネしていたというケースもあります。

　クリーニング工場で働くベトナム人実習生がプレス機に誤って手を入れてしまい大やけどをしましたが、社長は救急車も呼びませんでした。労災適用を恐れ、「バーベキューでけがをしたと言え」と指示されていました。別の建設会社で働くベトナム人実習生は仲間とはぐれてしまい建設現場まで行けなかったことをとがめられ、「ばか」「日本人をなめているのか」と暴言を浴びせられ、突き飛ばされ、なぐられました。カンボジア人実習生は同僚からの激しいパワハラと暴力で「うつ症」になりました。きっかけは水道の工事現場で指を切断し、労災を申請

したことでした。同僚たちは「金をもらうために指を落とした」と言いがかりをつけ、彼を呼び出してヘルメットが割れるほどの暴力を振るいました。

　ここで紹介したような例は一部の業者のことであって、そんな雇用者や職場ばかりではないという意見もあると思います。法改正を重ねてきて処遇の向上や監視強化をしているのだから、こんなひどい監理団体、雇用者、職場は厳重に取り締まればいいという意見もあると思います。私たちが言いたいのは、問題は技能実習制度にあるということです。

3．それでも制度は維持される

（1）制度、契約、利権構造

　どうして、こんなひどい制度が何十年も維持されるのか。それは「制度が人を変えてしまうこと」「複雑ながんじがらめの契約関係」「利権構造」があるからです。

　「どんな悪徳経営者なのか。」そう思って工場や企業に行くと、経営者は「この人が？」というようなフツーの人なのです。先ほどお話ししたイチゴ農家の「社長」も普通の農家のおじさんで、「今度娘が大学に入るんだ」みたいな話をするような人です。ところが、外国人技能実習制度は人を変えてしまいます。

　考えてみてください。それまで小さな農家で家族経営だった人が技能実習制度を利用するために、突然、「社長」になる。人事管理などした経験もないところに、技能実習生を仲介する地元の監理団体が「最低賃金で雇用できる」というパンフレットを回す。監理団体から「最低賃金を下回っても大丈夫」「こんな風に働いてもらっているところがある」と言われれば、そうかなと思ってしまいます。

　送り出し機関に依頼して、監理団体と経営者が現地で技能実習生を選ぶことも行われています。中国やベトナムに行って、候補者を並べて「君」「この子」って選ぶ。ひどい勘違いをします。職場では日本人の従業員も「技能実習制度」が何かを知らないから、「言葉がわからない」「仕事ができない」ということでいじめたり、暴力をふるったり。「経営がなりたたない」からこれでいいのだと正当化する悪質な社長が生まれるのです。

　一方、実習生はなぜ泣き寝入りすることになるのか。それは複雑ながんじがら

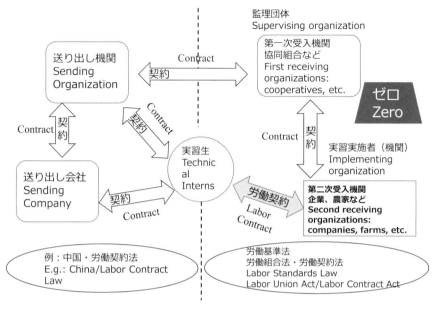

図6　複雑な契約関係

めの契約関係がはりめぐらされているからです（**図6**）。実習生は受け入れ企業
と労働「契約」を結んでいるだけでなく、出身国の送り出し機関などと「契約」
を結んでいる。実習生を取り巻く契約はそれに留まりません。実習生の送り出
し・受け入れをめぐって、出身国の送り出し機関と実習生の受け入れに関して仲
介、管理する「監理団体」との契約があり、監理団体と受け入れ企業との間での
契約もある。一つの契約を破れば、他の契約に波及する。がんじがらめになり、
声を上げられない状況に置かれるのです。

　最大の理由が利権構造です。監理団体は非営利組織であることが定められてお
り、監理団体は技能実習生が企業で適切な業務につけているかどうかを監理、指
導することや受け入れ企業を3ヶ月に1度監査し報告する義務があります。組織
形態としては協同組合など中小企業団体、農協・漁協や商工会議所、社団法人も
あります。派遣会社も協同組合を作って参入しています。

　監理団体に認定されれば、技能実習生の受け入れ時の諸費用と講習費、技能実

習生としての在留期間を延長する際に必要な技能評価試験の受験料などのほか、毎月の監理費が入ります。法制度ではただ「監理団体は監理事業に必要となる経費を勘案して、適正な価格の監理費を徴収することができる」としているだけで、その経費の額は決められていない。省庁交渉で私たちは「監理費の定義とは何か」「必要経費とはいくらなのか」と質問していますが、明確に答えてもらえません。

　ある監理団体は実習生一人につき3万円の管理費を請求しています。この監理団体では1,000人を仲介しており、管理費だけで毎月3,000万円入る計算になります。地元の有力政治家が監理団体を運営しているケースもあります。実習生を紹介すればするほど自動的に毎月お金が入ってくる。今、約33万人の実習生がいるので、仮に監理費3万円としても毎月100億円近いお金が監理団体に流れていることになります。2017年から監理団体は許可制になりましたが、すでに法改正以前より多い2,400団体まで増えています。この監理団体に関する制度管理の実務は省庁出向者を中心とする外国人技能実習機構がしますが、「技能実習計画」の認定等の書類審査は有料です。実習生を入れれば入れるほど、お金が入ってくる。ものすごい利権構造です。

(2) 技能実習制度と「特定技能」

　改正入管法により2019年4月からこの技能実習制度を「土台」とするかのような、新たな在留資格「特定技能」が導入されました。人手不足の業種に「一定の専門性・技能を有し即戦力となる外国人人材を広く受け入れていく仕組み」と称して、まずは介護、建設、農業、外食産業など14業種を対象にしています。

　新たな在留資格「特定技能（1号）」による受け入れの大半は、在留資格「技能実習」からの移行者になるとみています。3年間、技能実習で「評価」された労働者は無試験で「特定技能1号」として就労することができます。「技能実習」の建前であった「開発途上国への技能移転」との整合性はもはやありません。「特定技能」の登録支援機関に対する規制がなく、技能実習の監理団体の横滑りするケースや人材派遣会社が参入し、受け入れ先企業から委託料や生活支援料として手数料を徴収する仕組みや強制帰国の問題は継続します。賃金についても

「日本人と同等以上の報酬」という曖昧さです。

　技能実習制度では転職の自由は認められていないのに対し、「特定技能1号」では「同一業務区分」であれば転職ができるようになりました。でも、転職するためには登録支援機関が新たに「支援計画の作成」をしなくてはならないため職業選択、移動の自由は形骸化する恐れがあります。「技能実習」と同じく家族の帯同は認められていません。

4．変える、変わる力を引き出すために

（1）労働と生活を切り離してはいけない

　ここまで技能実習生を中心に話をしてきましたが、冒頭で見たように、日本では様々な在留資格の人が働いています。私たちはその様々な在留資格の人たちと活動してきました。そこで感じるのは彼らにとっての労働組合の意味です。そもそも移住労働者は労働組合の存在を知りません。移住労働者と労働組合は問題が発生して初めて接点ができます。問題発生がきっかけなので、問題が解決すると労働組合から離れてしまう。その結果、職場で継続した労使関係が築きにくく、活動が継続しません。

　今言ったことは日本人労働者にも共通していると思いますが、移住労働者だからこそ抱える課題がたくさんあります。まず、外国人・移住労働者のための労働組合や支援組織が足りません。外国から来て働く労働者は全国にいるのですが、彼らのための労働組合や支援組織は点在しています。組織間のネットワークがありますので、手続きや通訳等の情報を共有して対応していますが、支援者にも移住労働者にも負担が大きくなってしまう。たとえば茨城県で働く労働者が職場でけがをした。その労災の申請にしようにも、茨城には支援組織がないので、私たちが東京から行って、病院で医師に説明し、労災を申請することになります。

　何かひとつ手続きや申請をするにも滞るのです。社会保険加入が名前の表記を理由に滞ったことがありました。彼の名前はンダイキヤさん。勤務している建設会社が社会保険の手続きをしたところ、年金事務センターから手続きできないので、名前の表記を変えてほしいという連絡が入りました。今のコンピューターの

システムでは「ん」で始まる名前を入力できないというのが理由でした。ひどい話です。この件は国会でも取り上げてもらい、ンダイキヤさんに保険証が無事届きました。今では「ん」での入力ができるようになりました。こういう人権の軽視、差別が日常的に起きているのです。災害時のアナウンスの多言語化もようやくです。遅れているな。本当に思います。

　彼らは単に「労働力」ではなく労働者です。この社会で共に働き、共に暮らす仲間です。彼らが地域で、職場で抱える問題に対して多面的で包括的な受け入れ体制が求められます。ところが、安倍政権の政策は労働と生活を切り離している。職場でのけが、病気になったとき、その地域でどんなサービスが受けられるのか。労災の申請への支援や日々の生活での相談、日本語の問題……。これを変えていかなくてはならないと思っています。

（2）移住労働者がリーダーシップを発揮できる社会

　外国人労働者がここにいるのに、いないことにしている。そんな社会を変えていくためには、移住労働者・外国人労働者にとって労働組合が単に問題を解決してくれる存在として留まっていてはいけないと思っています。移住労働者が主体となって運動を作っていける場であり、彼らが本来の力を発揮するための存在になりたいと思っています。

　職場での組織化には力を入れています。でも、それだけでは難しい。清掃関係の職場で移住労働者が組織化に成功したことがあります。賃金の未払いや労働時間の適正化を求めて、みんなでがんばった。でも、一人ずつ切り崩されました。辞めさせるのです。日本人労働者からの差別もあり、組合員を挑発してトラブルを起こして職場から追い出そうとする。日本人労働者を含めた組織化に道が見えたところで、その工場自体がなくなりました。

　職場だけのアプローチでは限界がある。何かネットワークが必要なんじゃないか。そのためにはどうすればいいんだろうか。そのヒントを2017年に訪問したアメリカ・ロサンゼルスの労働組合やワーカーセンターに集う人たちからいただきました。移民労働者や若い世代がリーダーとなり、自らの権利のために闘っている。日本でもできるはずだ。そう思って少しずつですが、移住労働者のリー

ダー育成に取り組んでいます（**写真**）。

　外国人労働者、移住労働者はそれぞれ国籍や宗教、体験を通してつながっています。東日本大震災の時、「名無しの震災救援団」という組織でボランティアをしていました。被災地に物資を運ぶため、物資の仕分けを行っている場所へ行くと、物資の仕分け作業をしている人たちの中にフィリピン人女性がいました。その人を通じて東北三陸地域にフィリピン・コミュニティがあることがわかりました。私たちの仲間にもフィリピンの労働者たちがいます。彼/彼女らはカトリックの人が多いので教会のシスターが相談窓口になっている場合もあります。ベトナム戦争の影響で難民として日本にきて、ベトナム人のコミュニティを支えている女性もいます。

　もし、それぞれの地域にある労働組合が出身の国や地域、宗教を通じた外国人コミュニティにつながっていけば、もしそのリーダーが定着していけば、地域で一緒に町内のゴミ出しをしたり、防災訓練をしたり、職場で仲間の相談にのったり。そんな地域と移住労働者コミュニティ、労働組合の橋渡しができるキーパーソンが育つことを目標にしています。たとえば東京都の「外国人労働者ハンド

ブック」を読んでの勉強会。英語や中国語や何種類かの言語で書いてあるので利用しています。参加者はクルド、バングラデシュ、インドなどなど、みんなで助け合って読み進めています。職場や地域に人的なリソースが蓄積できれば、みんながつながり、強くなっていけると思うのです。

　でも、外国人差別、在留資格というハードルがいつも立ちはだかります。たとえば難民認定申請をして異議申し立て結果が出るまで、半年間毎の「特定活動」という在留資格が更新されるのですが、ある日、突然帰国させられてしまう。あるいはオーバーステイで難民申請している場合もいつ帰国させられるかわからない。これからだ！というような大切な人、力のある人が帰国させられていく。職場や地域の人との信頼関係ができても、キーパーソンが入れ替われば、また最初から、です。バンクラデシュに帰国後、現地で医療施設を作って奉仕活動をしているんだ――という報告が入ると、少し力がわいてきますが、無力感は否めません。結局、日本では外国からの労働者は労働者ではなく「期間限定労働力」。日本の制度は職場で、地域で、労働者としても一人の人間としても断片化するようにして、彼ら／彼女らから力を奪っている。そう思うとくやしいです。

（3）できることはある――サポートする側の組織化と課題

　もう一つの課題は、支援する側の組織化です。先ほど、移住労働者の組織化の課題について述べましたが、技能実習生の場合は組織化の対象というよりも、「支援」「介入」するためのこちらの支援体制や力量が問われるのです。その担い手をどうすれば増やせるのか。組織化できるのか。全統一労働組合もそうですが、支援する側の労働組合やNPOも規模も小さく、財政力も限られています。移住連というネットワークを結成して相互に助け合って活動しているけれど、技能実習生の問題や移住労働者への支援に取り組めるノウハウを持つ担い手がもっと必要です。特に次の世代を育成できるのか。これがずっと課題でした。

　そんな中、2019年10月、初めて平和フォーラムが「ピーススクール」で若手育成のきっかけを提供しました。労働組合では20代、30代の人は少なく、同世代の人と交流する機会がありません。私と同世代の40歳未満の参加者を呼びかけたところ、北は北海道、南は沖縄まで、労働組合で頑張っている若手31人

（女性6人）が集まりました。従来からのテーマである原発、戦争、人権に加えて、技能実習制度問題を設定しました。様々なテーマを通じて交流し、お互いに自分の経験を話す。多面的なアプローチの中で、社会の動きの中に外国人労働者、移住労働者の問題が位置付いていくのだと思っています。同じ思いを持つ仲間とのつながりが実感できる場をもっと作っていきたいと思っています。

　縫製業の事例で見たように、技能実習生と日本の消費者はつながっています。ファストファッションの問題や「メイド・イン・ジャパン」の背後にある問題に取り組む中で、CSR、企業の社会的責任という切り口が重要になっていることを感じています。実習生が働いている縫製業の中には有名ブランドの下請け、孫請けをしている所もあり、私たちが実習生の支援に入った縫製工場は有名な女性下着メーカーの請負をしていました。時給400円の実態を聞いて、その企業の法務部が「ブランド価値は築き上げるのは時間がかかるが崩壊するのは一瞬」と飛んできてきました。ハードルはある。でもできることはあります。

おわりに

　実習生の支援で、工場や企業に行くと、「未払い賃金を払うとうちは倒産だ」「時給400円だからどうにかやっていける」「日本人は集まらない」と経営者は言います。「彼らにしても貯金して帰れんだから」と。一体、日本はどこへ行くのだろうと思います。中国、ベトナム……。労働力補充、低賃金の労働力を求めて、今のような場当たり的な補修、穴をふさぐだけのつぎはぎの政策を続けていけば、日本社会は本当に壊れてしまう。

　「時給300円」の世界は技能実習生に限ったことではなく、日本の労働者の現実です。外国人が来るから労働条件が下がるのではなくて、外国人がするから労働条件が低いのではなく、日本人にとっても介護もコンビニも建設もみんな労働条件はよくない。日本の若者や女性の雇用も不安定で労働条件はよくありません。日本人も外国人も一緒になって変えていく問題だと思います。

　先ほど東日本大震災の際、「名無しの震災救援団」でボランティア活動をしていたことに触れました。被災地で毎週、炊き出しをしていました。食事を用意す

るのは全国からのボランティアです。学校給食員のボランティア・グループはさすがのプロの技と味。フィリピン・グループは鶏肉煮込み料理アドボや米粉麺を使ったパンシット。神戸からはベトナム料理や韓国海苔巻き。バングラデシュ・グループの毎月のカレー、ナン、タンドリーチキンはいつも人気でした。移住労働者・外国人労働者は今ここにいます。互いに助け合える仲間として、ここにいます。何かあれば地域の仲間として駆けつけて支援してくれる人たちであることを思い返していただければうれしいです。

〔付記〕
　　本稿は第31回日本労働社会学会全体シンポジウム（2019年11月3日）での報告をもとに加筆修正したものです（研究活動委員会・萩原久美子）

〔参考文献〕
厚生労働省（2019）「『外国人雇用状況』の届出状況まとめ【本文】（平成30年10月末現在）」。https://www.mhlw.go.jp/content/11655000/000472892.pdf（2020年9月23日最終アクセス）
国立社会保障・人口問題研究所（2020）「人口統計資料集（2020）」。http://www.ipss.go.jp/（2020年9月23日最終アクセス）
法務省（2019）「平成30年末現在における在留外国人数について【平成30年末】公表資料」。http://www.moj.go.jp/content/001289225.pdf（2020年9月23日最終アクセス）

1　労働組合とコミュニティ組織のコアリション
　　（連携組織）による社会的公正の追求　　　　　　小谷　　幸
　　　──サンフランシスコ湾岸地域における最低賃金引き上げ
　　　　過程に着目して──

── 日本労働社会学会年報第31号〔2020年〕 ──

労働組合とコミュニティ組織のコアリション（連携組織）による社会的公正の追求

── サンフランシスコ湾岸地域における最低賃金引き上げ過程に着目して ──

小谷 幸

（日本大学）

1. 問題関心と課題

（1）問題関心──拡大する格差に抗し、「不安定就労」層の就業の質をいかに改善できるのか

　近年、経済のグローバル化の進展、ポスト工業化社会への産業構造転換、新自由主義社会の深化にともない、非正規や間接雇用、単純労働、ワーキングプア等、既存の法制度や労使関係システムでは十分に包摂されていない労働が世界的に増大している。こうした労働は、「不安定就労」（precarious work）と概念化され、その増加が格差の拡大、貧困層の増大に直結している（Kalleberg 2009）。

　「労働の不安定化」とも呼べるこの状況は日本でも生じている。日本では非正規が雇用者の約4割に達するとともに相対的貧困率の上昇がみられ（2015年15.6％。国民生活基本調査）、特にひとり親世帯の貧困率が高く、その上就労によって貧困状況が改善されないという異例の事態が生じている。すなわち、単に就業を支援する政策には限界があり、不安定な就業の質自体を改善する必要性が浮き彫りにされている。

　この「労働の不安定化」をいかに改善できるのか？　Reich（2016）は米国を例にとり、今や上位0.1％層に富が集中し、過去80年で最大の占有率となっている一方、賃金の伸びは止まって横ばい状態にあることを指摘する。Reichは、この拡大する不平等やそれによる雇用の低賃金化・不安定化は不可避のものではなく、一部の富裕層のみが市場のルールに影響力を行使できるだけの権力を手にしているために生じていることを実証した上で、中間層と貧困層に属する労働者が拮抗力を取り戻し、市場のルールを変えるよう政府に働きかけることが枢要と指摘する。

1）日本における個人加盟ユニオンとその限界

このような労働者自身による就業の質の改善に向けた、日本における取り組みを示す。まず企業の枠組みの中での事例として、広島電鉄株式会社労働組合による全契約社員の正社員化（河西 2009, 飯嶋 2016）等、企業別組合による非正規労働者の組織化活動が注目される。他方、下請け部品工場で働く請負労働者自身が労働組合を作り、ストライキを経て正社員化を勝ち取った事例（伊藤 2013）も耳目を集めた。

一方、労働組合組織率が16.7％（2019年度労働組合基礎調査）と低下を続ける中、企業レベルでの交渉のみには限界が生じている。そのため、特に既存の労使関係制度に十分に包摂されていない非正規労働者や外国人労働者等が、一人でも加入できる組合として、個人加盟ユニオンの活動も注目を集めてきた（木下 2007, 橋口 2011, 呉 2012, 遠藤編 2012, 小谷 2013, 中根 2018）。こうしたユニオンは地域、性別、世代、国籍等を単位として設立されているが、近年では労働NGOによる相談活動を基盤として、産業や職種を単位としたユニオンも設立されている（今野 2015）。

しかしながら、言及したいずれの事例でも、「不安定就労」化というより広い社会的課題にどのように対応し、拮抗力を高めようとしているのか、その道筋は明確ではない。企業別の事例は企業内にとどまる傾向にあり、個人加盟ユニオンは未組織労働者の受け皿として数多くの個別的紛争に対応していたものの、解決後の定着率が低く組織に脆弱性を抱えているからだ。小谷（2013）は個人加盟ユニオンが影響力を高めるべく他の労働組合やNGOと連携していることに影響力の波及を見出したが、そのネットワークを活用した活動は労働法制の規制緩和等に反対する集会への動員等に留まっていた。2008年から2009年にかけての年越し派遣村の活動は組織横断的に実施され大きな反響を呼んだが、その後の継続的な政策キャンペーンには十分結実していない。

2）米国におけるワーカーセンター、およびコアリションへの着目

一方米国では、日本の個人加盟ユニオンと組織規模の小ささ等多くの点で共通点を有し（高須 2010, 遠藤他 2012, Suzuki 2012）、同様の経緯を経て設立された、

つまり従来の組合からは組織化の対象外として排除されてきた移民層、家事労働者、レストラン労働者等を積極的に組織するワーカーセンターが、労働組合とコアリション（連携組織）を構築し、市・郡・州レベルでの生活賃金[1]の制定や最低賃金の引き上げ等を実現させ、不安定就労の労働者の処遇改善に成功している。

　ワーカーセンターは、労働組合ではない[2]が、労働者の権利擁護、相互扶助、政策要求を行うコミュニティ組織である。1992年には全米5団体以下の数であったが、移民の増大と並行して2007年には80以上の全米の都市に少なくとも160団体が設立された（Fine 2006）。産業構造の転換による低賃金層の拡大を受けて、移民（Milkman 2006, Milkman and Odd 2014）や地域コミュニティ、もしくは職業を基盤とし、未組織労働者の労働相談に対応し、未払い賃金の法的解決等の取り組みを行っている、内国歳入法第501条C項3号を法的基盤とする免税非営利団体である。Osterman, et al.（2001）は企業や労働者の働き方が急速に変化したことで、企業・労働組合・政府の三者によるニューディール型労使関係は限界を迎えていると指摘し、従来企業や労働組合が担っていた機能を次世代型組合や新しい組織に担わせようとする。その中でワーカーセンターは、非典型・低賃金層に向けた新しい組織として位置づけられている。

　ワーカーセンターは日本の個人加盟ユニオンと同様に組織規模が小さいにもかかわらず、なぜ、どのように、個別紛争処理を超えた広範な社会的課題に対応し、最低賃金引き上げ等の処遇改善策を実現させ「労働の不安定化」に抗しているのか。またそこに、他団体との連携、コアリションの構築という要素はどのように関連しているのか。以上を問題関心とし、検討を進める。

（2）先行研究と課題

　以上の問題関心に基づき、他団体との連携に着目する先行研究を検討する。

1）社会運動ユニオニズム

　米国では1950～80年代、労働組合の活動を制限する法制度（タフト・ハートレー法）の施行等により、ビジネス・ユニオニズムと称される組合内の労働条件規制に傾注する官僚的な労働組合が台頭した。しかし1990年代以降、ビジネ

ス・ユニオニズムでは多様化した労働者のニーズに応えられないとの批判がなされるようになった（例えばVoss and Sherman 2000）。代わって、社会運動ユニオニズムとして特徴づけられる労働運動が生成していることが数多くの研究により明らかにされている（Moody 1997, Turner and Hurd 2001, 鈴木 2005, 2010, Suzuki 2012, 山田 2014）。

　社会運動ユニオニズムの特徴は、草の根の運動展開による未組織労働者の包摂や労働組合の官僚制の打破、そして労働運動と社会運動との協力・連携関係の構築である。その背景には、1960年代後半から、階級にとどまらない幅広い問題を可視化してきた環境運動、フェミニズム運動、反戦運動など新しい社会運動と労働運動の接合があり、米国ではビジネス・ユニオニズムの浸透による変革の困難さを若い世代の組合員や公務員労働組合が徐々に乗り越えてきた（Turner and Hurd 2001）。

　一方日本はどうだろうか。日・米・韓の社会運動ユニオニズムを検討したSuzuki（2012）は、日本以外の米国・韓国では労働運動と社会運動との連携がなされていたが、日本では個人レベルでの連携しかなされていないと指摘した。このように日本では他団体との連携が政策キャンペーンの実施等によるより大きな拮抗力の確保につながりにくく、それが個人加盟ユニオンのワーカーセンターと比べての影響力、組織力の弱さの理由ともなっている。ひるがえってなぜ米国では、生活賃金条例や最低賃金条例を勝ち取る等の成果を挙げるほどの連携が可能となっているのだろうか。

2）労働組合とコミュニティ組織のコアリション

　連携の鍵となるのが、特に労働組合とワーカーセンター、他のコミュニティ組織との連携によるコアリションである。なぜなら、生活賃金条例や最低賃金引き上げキャンペーン等近年の社会的拡がりを持った労働条件改善は、そのすべてがコアリションによって成し遂げられているからだ。例えば生活賃金運動では、宗教組織や社会運動等多種多様な団体が関わることにより、かつて長い間存在しなかったタイプの連携が生じ、組合員の利益だけではなく社会全体の利益にかなう活動が行われ、条例の制定につながったことが指摘されている（ルース 2005:

126）。さらに最低賃金引き上げについてもロサンゼルス市における先駆的な研究を行った高須（2019）が、その成功要因としてコアリションによる労働組合とコミュニティ組織の連携を挙げた。

　コアリションとは何か。Levi and Murphy（2006）によれば、コアリションの定義は「異なる組織体が変化を及ぼすために資源を共同利用することを許可する、共同の手段中心的な協定」である。コアリションは、労働運動のみならず社会運動全体で実施されている連携手段であり、社会運動の中でも各組織による参加有無の境界線が明確な連携関係を指すと Diani and Mische（2015）は指摘する。また、社会運動の歴史的研究を行う Tarrow（1998=2006: 231-2）は、1960年代の反戦連合、1980年代の中絶権擁護運動、平和運動、核凍結運動等をコアリションの例として挙げる。さらに Tarrow（2010: 73-4）では、コアリションを作らなくては強力な敵に対して巧妙な策を取るという希望が持てなくなっており、労働者階級の関心を代表していても、他の階級の人たちの支援を探らなければならない、運動をより幅広い関心へと拡げなければならないことが強調されている。

　しかしながら、特に労働運動と社会運動の連携においては、官僚的な労働組合と草の根のコミュニティ組織との連携の困難さが指摘されている（Fine 2007）。山田（2014、第Ⅷ章）も労働組合とワーカーセンターの連携は困難であり、橋渡し役として労働NGOの存在が不可欠であることを明らかにしている。コアリションに関する先行研究（Frege, Herry and Turner 2004, Tattersall 2005, 2010, Holgate 2015）も、どうすれば労働組合とコミュニティ組織という組織間での有機的連携が可能となり、強力なコアリションが形成されるのかを中心的枠組みに据えている。

3）コアリションにおける連携の構築を捉える枠組み

　そこで本稿では、コアリションの組織間連携に着目する観点から、組織間連携をネットワークとして捉え、そのつながり（ties　紐帯ともいう）を分析する Diani（1995、2015）、Diani and Mische（2015）の手法に主に依拠し、前述した先行研究を整理する。

　Diani and Mische（2015）は、なにが組織間のつながりの構築を生み出すのか

について、1. 協議事項の近接・共通の関心、2. 組織モデル、3. イデオロギー的親和性の3点の要素を提示した。ただし、彼らの指摘する要素はコアリション内での組織間のつながりにとどまっているため、他の先行研究で指摘されている政治的機会構造等コアリションと外部との関係性を分析できない。そこで本稿では上記1〜3の要素に加え4としてコアリション外部との関係を提示し、以上4点を「コアリション内外における連携の構築を捉える先行研究の枠組み」として**図1**に図式化した。

まず1. 協議事項の近接である。これは目標あるいは優先順位の高さの近接、共通の関心を示している。例えばスペイン、イタリア、ドイツ、英国、米国の5カ国のコアリションを調査したFrege, Herry and Turner（2004）は、労働組合が内部の問題、つまり組合内の資源の減少、自身の組織的な交渉力という強みを発揮できなくなるとコアリションに活路を見出そうとする一方、外側への政策的関心の拡大、すなわち国際問題や環境問題への関心の拡がりを連携の要素として提

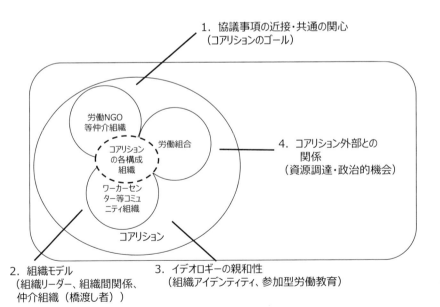

図1　コアリション内外における連携の構築を捉える先行研究の枠組み

示した。またこの点は、オーストラリア、米国、カナダの3カ国のコアリションを調査したTattersall（2010）によって「共通の関心」（組織、メンバー、一般市民のコミットメントが継続的に得られるかどうかを指す）として提示されている。ただし、重要なのはつながりが協議事項の近接のみで作られるわけではない点だとDiani and Mische（2015）は強調する。

　次に2．組織モデルである。先行研究に照らすとTattersall（2010）が「組織的関係と組織構造」（組織の能力を指す。組織構造、意思決定の方法、組織文化等から成る）として言及し、組織リーダーや意志決定手法とともにRose（2006）を引用し、コアリションにおける組織間の「橋渡し者」（bridge builder）や仲介組織の必要性を述べている。Frege, Herry and Turner（2004）は、労働組合リーダーが社会運動の経験を持っていること、特にビジネス・ユニオニズム色の濃い組合においてリーダーが組織アイデンティティを変えたいと強く思っていること、コアリションのパートナーとなる社会運動組織が存在することを要素として挙げる。さらにDiani and Mische（2015）はネットワークの中では草の根の組織よりも比較的よく結合した大きな組織の方が難しい役割を果たすとともに、大きな組織と草の根の組織との資源交換は非対称であり、権力ヒエラルキーによる組織間の非対称性に注意を促す。

　続いて、3．イデオロギー的親和性である。この視点は先行研究すべてが言及していたが、Tattersall（ibid）が組織アイデンティティを2．組織モデルの中に位置づけようとしたのに対し、Diani and Mische（2015）は、コアリションを構成する組織のアイデンティティが異なるとつながりの妨げとなり、逆にイデオロギーが近接していれば、1．協議事項の近接が離れていても一緒に活動できる、と指摘する。本稿でも本要素の重要性に鑑み、2．組織モデルとは独立した形で3．イデオロギー的親和性を掲げておく。

　この視点に特化した枠組みを用いて研究を実施したHolgate（2015）はFrege, Herry and Turner（2004）、Tattersall（2010）を評価しつつも、両研究が労働組合の内部構成への視点を欠いていると指摘し、労働組合自体のイデオロギーや文化がコミュニティ組織におけるそれと合致している程度が、その組織のコアリションへの関わりや、ひいてはコアリションのアウトカムにも関連してくる、と

した。その上でHolgate（ibid）は、英国、米国、オーストラリアの3カ国のコア
リションを調査し、依然としてビジネス・ユニオニズムの文化を有する英国の労
働組合では、リーダーがコアリションに関心がなく道具的な関わりに終始してい
ること、コミュニティ・オーガナイジング等の参加型労働教育をリーダーや一般
組合員が受講することで、その態度や文化の変容可能性があることを見出した。

　最後に4.コアリション外部との関係である。Tattersall（2010）は「スケール」
（連携の対象とする空間的・時間的範囲を指す。政治的機会、意思決定者のス
ケール、地域の仲介組織等から成る）を提起し、Frege, Herry and Turner（ibid）
は同様に政治的機会として政治過程が分権化されていること、例えば、市レベル
での住民投票が可能なこと等を挙げている。

4）課題　コアリションにおける連携への視座

　以上の先行研究の整理から、1．コアリションのゴールとしての協議事項の近
接・共通の関心、2．組織リーダー、組織間関係、仲介組織（橋渡し者）等の構
成要素を持つ組織モデル、3．参加型労働教育による変容可能性を持つイデオロ
ギー的親和性、4．資源調達・政治的機会としてのコアリション外部との関係と
いう4要素からなる研究枠組みが明らかとなった。しかしながら、本稿の問題関
心である、ワーカーセンターのような組織規模が小さい組織が、なぜ、どのよう
に埋没することなくコアリションの一員としてつながり、最低賃金引き上げのよ
うな大きな社会的影響をもたらす活動成果を得ることができているのかを把握す
る、また、それにより日本への示唆を得る、との観点に立つと、そこから本枠組
みに関連し次の3点の課題が導出される。

　まず第1に、2．組織モデルに関連し、たとえ1．協議事項の近接・共通の関心
で連携していたとしても、組織規模の大きい労働組合とワーカーセンターのよう
な小さいコミュニティ組織とでは、活動方針をめぐり葛藤や対立が生じることが
容易に予想される。Diani and Mische（2015）が指摘するように、そもそも移民
や低賃金労働者の割合がより大きいコミュニティ組織と労働組合との間には調達
できる資源等に非対称性があり、それが権力関係に転じやすい。両組織の力の不
均衡を自覚した上で関係性を維持することが連携の形成には不可欠だが、それは

いかに行われているのかを検討する必要がある。

　第2に、3．イデオロギー的親和性に関連し、先行研究ではコミュニティ組織のイデオロギーや文化と労働組合のそれとの類似性がコアリション内での関わりを規定するとの指摘がなされた（Holgate 2015）。しかしながら、具体的にコミュニティ組織ではどのような価値観、イデオロギーが重視されているのか、またその価値観と先述したアクター間の非対称性の自覚との関連については十分に言及されていない。

　第3に1．協議事項の近接・共通の関心と4.コアリション外部との関係に関連し、最低賃金引き上げ条例の住民投票で勝利するためにはコアリション内部のみならず外部からの関心・支持を調達する必要がある。しかしながら、それがいかに保てているのか、つまりいかにして広範な支持を取り付けるほどの社会的影響力を保てているのかについてのより立ち入った分析が必要である。

（3）研究方法：ポスト工業化社会の中でコアリションを位置づける

　そこで本稿では以上の課題に応えるため、研究枠組みの中でも以下3点を意識し分析を進める。その際、先行研究では十分に言及されていない、ポスト工業化社会の中にコアリションを位置づける観点からの分析を試みる。

1）組織間の権力関係を踏まえた組織モデルの分析：社会的公正（social justice）への着目

　今日の多様化する組織が連携の際に分断や排除に繋がらず尊重・包摂されるためには、社会的公正（social justice）というキーワードが不可欠である。公正とは人々に対し同じ機会への参加しやすさを確保することであり、参加が確保されないのは是正を要する不公正な状態である。よって社会的公正というキーワードにより、組織の多様性が単なる違いにとどまらず、権力や特権という問題を構造的に有するという意味が鮮明になる（Goodman（2011＝2017））。最低賃金といった広範な社会的公正を目指す運動を行うコアリションにおいて、まず内側から参加、発言、代表等へのアクセスを確保していくこと自体が社会的公正の実現につながるという価値観、イデオロギーの共有がなされているのか、また、コアリションではTattersall（ibid）が仲介組織（broker organization）として指摘する労

働NGO（Dean and Raynolds（2009＝2017）ではシンクアンドアクトタンク（以下シンク＆アクト・タンクと略）とも呼称）が各組織を繋ぐ役割を果たすと考えられるが、その際組織間の権力関係をいかに自覚し介入しているかに着目する必要がある。

2）組織アイデンティティの多様化を踏まえた分析：関係構築への着目

Tapia（2019）は個人や組織アイデンティティの個別化・多様化が進んだ現在、共通の関心はあっても1つの集合的アイデンティティを形成することは難しく、ストーリーテリングや1対1の対話を用いた「関係性の組織化（リレーショナル・オーガナイジング）」とそこから生成する「関係構築の文化」の必要性を指摘する。先述した社会的公正の価値観・イデオロギーがどの程度各組織および組織間で培われ、関係構築に資しているのかを検討する必要がある。

3）労働過程の変化を踏まえた分析：顧客・コミュニティとの連携への着目

先行研究では、労働組合とコミュニティ組織との連携、労働組合のコアリションへの参加理由の一つに、ポスト工業化社会における個別処遇化や労働組合組織率低下等影響力の弱体化が挙げられていたが、一方でポスト工業化社会では労働過程において管理者と労働者に加え顧客との関係、つまり3極関係が生じる（鈴木2012）ことから、労働者による抵抗の可能性として、真に顧客の立場に立つサービスの充実を訴えることで消費者団体と連携して管理者に対する抵抗戦略を構築できる可能性もある。さらに顧客はコミュニティの一員であるため、サービス部門の労働は必然的に職場を超え、コミュニティを視野に入れたものになる（ブラヴォイ 2009: 103）。

米国労働運動では、すでにこの点を戦略に取り入れた運動を実施している（Cobble and Merrill 2009）が、コアリション研究にこの視角が十分に活かされていない。コアリション外部のコミュニティの支持を得る戦略には、労働過程論から導出された理論的背景が活かされているのか検討することが必要だ。

（4）研究対象と調査概要

　本論文が研究対象とするのは、米国カリフォルニア州北部サンフランシスコ湾岸地域である。ワーカーセンターが複数あり活発に活動していることが先行研究（遠藤他 2012, 2013, 山田 2014）から確認できたためである。

　調査を進める中で、ワーカーセンターがコアリションのメンバーとして最低賃金引き上げキャンペーンに参画していることがわかった。また、そのキャンペーンがサンフランシスコ湾岸地域の主要5市で行われていることも明らかになった（**表1**参照）。5市のうち、特にオークランド市でのキャンペーンが最も先行し、のちに見るようにその影響が他市にも及んでいたことから、本稿ではオークランド市のコアリションを中心的に検討する。同市では2014年に、最低賃金を12.25ドルに引き上げ有給病気休暇を可能にする住民投票が実施され、賛成多数で成立した。それがサンフランシスコ市をはじめとする近隣の市に波及し、さらにはカリフォルニア州全体での最低賃金15ドル実現に大きな影響を及ぼした。

表1　最低賃金引き上げに成功したサンフランシスコ湾岸地域5市の概要

	サンフランシスコ	オークランド	バークレー	リッチモンド	エミリーヴィル
市の特徴	世界都市	港湾・商業・行政都市※アラメダ郡庁所在地	文教都市	工業都市	商業都市
人口	約76万人	約42万人	約11万人	約11万人	約1万人
主要産業	金融 観光 ハイテク	ヘルスケア産業等多様な産業	教育 中小小売	石油精製 重化学	大規模小売
主要雇用者	IT産業、病院等ヘルスケア産業	病院等ヘルスケア産業	UCバークレーカフェ等小企業が多い	シェブロン（石油）	ショッピングモール
条例通過年	2014 （住民投票）	2014 （住民投票）	2014 （議会可決）	2014 （議会可決）	2015 （議会可決）
条例通過時の市長	Edwin Mah Lee （民主党）	Jean Quan （民主党）	Tom Bates （民主党）	Gayle McLaughlin （緑の党）	Dianne Martinez （民主党）
最低賃金（ドル）	15 （2018年まで）	12.25（消費者物価指数を反映し、2016年1月に12.55）	12.53 （2016年まで）	13 （2018年まで）	16 （2019年まで）

表2 オークランド市最低賃金引き上げコアリションの運営委員会（インタビュー対象組織ならびに対象者一覧）

種類	組織名	概要・主な役割	調査対象	調査実施日
労働組合	SEIU (Service Employees International Union) Local1021 (7→10組織) 連携組織	主にヘルスケア労働者、教員等公務労働者を組織	組織ディレクター	2015.3.25
			組合員	2014.8.11
	SEIU (Service Employees International Union) -ULTCW (のちに2015) (全米サービス従業員労働組合2015支部)	主に介護労働者を組織	調査スタッフ	2016.8.20
	UFCW (United Food and Commercial Workers) Local 5 (全米食品商業労働組合5支部)	主に小売労働者を組織 ウォルマートキャンペーン (Our Walmart)	前委員長	2016.1.5
	UNITE HERE Local 2850 (縫製・繊維労組・ホテル・レストラン従業員組合2850支部)	主にホテル、空港労働者を組織		
シンク＆アクト リング	EBASE (East Bay Alliance for a Sustainable Economy, 持続可能な経済をめざすイーストベイ同盟)	UNITE HERE 2850が1999年に設立したコミュニティ組織。生活賃金、住宅問題キャンペーンに取り組む。	副ディレクター	2016.8.22
ワーカーセンター	Roc (Restaurant Opportunities Center of the Bay, レストラン・オポチュニティ・センター)	HERE100がニューヨークで2002年に設立したレストラン労働者を組織する全国団体の湾岸地域支部	全国組織副ディレクター	2014.4.24
	ACCE Action (Alliance of Californians for Community Empowerment＝「地域エンパワーメントをめざすカリフォルニア同盟」) (旧 ACORN Assosiation of Community Organization Reform Now. 即地域改革を！ 地域組織協会)	住宅問題に対応し、低賃金労働者を組織する全米最大のコミュニティ組織。各市での生活賃金条例の推進に大きな役割を果たした。	オーガナイザー	2016.8.19
その他の コミュニティ組織	EBOC (East Bay Organizing Committee, イーストベイ組織委員会)※	SEIUの全国組織が設立した、ファイト・フォー・15 (FF15)を主導するファストフード労働者の組織	代表 (SEIU1021と兼務)	2017.8.28
	Street Level Health Project ※	日雇労働者に健康サービスを提供し、組織化するコミュニティ組織		
	FAME (Faith Alliance for Moral Economy) ※	EBASEが組織化した、宗派を問わず先進的な宗教リーダーによる組織		

※この3組織は、2014年後半より運営委員会に入った。

労働協議会(コアリ ション内の支援者)	Alameda Labor Counsil(アラメダ郡労働協議会)	労働組合間のつながりを強化 候補者への推薦・宣伝・訪問等政治活動	事務局長	2014.8.4
教育機関(コアリ ション外の支援者)	カリフォルニア大学バークレー校レイバーセンター	最低賃金引き上げに関わる研究の実施・公表 ローカルラジオ出演や新聞取材等メディア利用 政策キャンペーンを構築するワークショップの実施	所長	2016.1.5
			前所長	2016.1.5
			研究員	2016.1.5

　調査は**表2**に示すオークランド市でのインタビューの他、サンフランシスコ市・バークレー市における関係者へのインタビュー、最低賃金引き上げコアリションの会議等各種会議やデモの非参与観察を通じて実施した。

　コアリションの中には特に貢献を求められ、議決権を有する運営委員会が作られる。表2に運営委員会の構成組織を示した。労働組合は、いずれもサービス労働者を組織している4団体が参加している。なかでもSEIU1021は公務員・教員・鉄道労働者等約54,000人を組織し、サンフランシスコ市等近隣他市の運営委員会にも名を連ねる、サンフランシスコ湾岸地域の最賃引き上げ運動に最も深くかかわっている労働組合である。

　シンク＆アクト・タンクとは、労働NGOであり、コミュニティ組織のようにメンバーシップを基盤としているわけではないが、低賃金の労働者に直接接触し、キャンペーンの一翼を担う労働者を見極め、権利擁護すべきことを決める組織である。主な機能は、調査、権利擁護、政策提言、コーディネートである。EBASEはHERE2850によって1999年に設立され、2007年までに6つの地域で生活賃金条例の成立に成功したコアリションを主導した。（Dean and Reynolds 2009＝2017: 99-102）

　コミュニティ組織からの運営委員会メンバーは、ワーカーセンターや低賃金労働者の住宅・医療問題を扱う組織、そして先進的な宗教リーダーによる組織等である。RocはUNITE HEREの支援を受けてニューヨークで2008年に設立された。既存の労働組合が組織したがらない、職場流動性の高い飲食労働者を組織する。2014年の時点で12支部を持つ全国組織であり、オークランド市にサンフランシスコ湾岸地域の支部（Roc the Bay）を有している。全米約13,000名を組織している。Rocではレストランワーカーの組織化のほか、大学と連携した職業訓練、スキル向上のプログラムの実施も行っている。

　ACCEの前身はACORNという1970年に設立された立ち退き等の住宅問題や生活賃金問題に対応するコミュニティ組織で、コミュニティ・オーガナイジングの手法を用いて地域で活動している。ACORNは1980年代後半から1990年代にかけて、全米での生活賃金条例制定運動に大きく関わってきた。

　以降の本論文の構成は、まず2でコアリション形成前の状況を米国の最低賃金

制度への言及を含めて概観する。次に 3 では実際の例として、オークランド市を中心としたサンフランシスコ湾岸地域の最低賃金引き上げキャンペーンを実施したコアリションの活動プロセスを検討する。活動プロセスの各段階におけるワーカーセンターと労働組合、その他運動団体の活動状況が確認され、最低賃金引き上げの条例制定のようなより広い社会的公正を目指して、コアリションの活動が不可欠であることが示される。4 では、最低賃金引き上げキャンペーンを実施したコアリションでの各アクターの資源提供・交換を検討するとともに、コアリションモデルを提案し、とりわけ、労働NGO（シンク＆アクト・タンク）が、コミュニティ組織であるワーカーセンターと労働組合との非対称性に配慮しつつ社会的公正を旨として各組織を結びつける役割を果たしていることが示される。

2. コアリションによる最低賃金引き上げキャンペーン
──サンフランシスコ湾岸地域を事例として

(1) 米国の最低賃金：地域を基盤とした引き上げ

　米国の連邦最低賃金は公正労働基準法で制定され、2009年の 7.25 ドルを最後に引き上げられていないが、州・郡・市によっては国の水準を上回る最低賃金を地方議会の条例で定めることができ、 3 つの州とワシントン特別区で、最低賃金を段階的に 15 ドルに引き上げる条例が成立している（2018年8月現在）。また、これらの自治体に加え26の州で国の最低賃金（連邦最低賃金）の水準を超える最低賃金条例が制定されている。これらを受けて2019年には連邦下院議会で最低賃金15ドルへの引き上げ法案が可決された。一方で地域単位での最低賃金の引き上げを禁じる州や Right to Work 法（労働権法、組合加入の強制を禁じる法律）を採用する州（現在28州）も存在する。

　地方議会における条例制定の道筋は大きく 2 つあり、 1 つは議員が法案を提出し議決する方法で、議会で可決され、市長が承認すれば成立する（市長が拒否権を発動することもある）。2013年11月に初めて最低賃金15ドルの条例を成立させたシアトル市ではこの方法が採用された。この方法は議員への働きかけを中心とするため労力が少なく済むが、議決までの過程でいくつもの修正が入り、労働

側にとってかなりの妥協を強いられることも多い。

　もう1つは、住民の署名を集め請願書提出権を得て、住民投票法案として発案する方法である。ただし、この制度の有無や詳細は自治体によって異なる。この方法は、法案に議員の賛同が得られず、議会での否決が見込まれたりする場合等に採用される。本稿で取り上げるオークランド市ではこの方法が採用された。

　運動の過程で、対抗勢力である経営者団体（商工会議所）からの策が講じられる。主な対抗策は、まず議員による法案提出の場合では、コアリション側の法案を議会で取り上げないよう働きかけたり、コアリション側よりも低い対案を含む法案を提示したりし、市長や市議会にこれを審議・可決するよう説得する方法がある。また住民投票の場合は、自らの法案も住民投票対象とするように、またコアリション側の法案からの除外・例外要項を作るように市長や市議会に働きかける[3]。コアリション側はこれらの商工会議所に対抗し、市長・市議会に自らの法案を推薦させるため、有権者であるコミュニティの支持を得る必要がある。

（2）コアリション構築以前の状況

　コアリション構築以前の状況として、格差是正を目指したオキュパイ運動やファイト・フォー・フィフティーン（15ドルを求めてたたかう。以下FF15と略。）運動が拡がりを見せていたことを指摘できる（ルース 2016、高須 2019）。

　オキュパイ運動は、ウォール街の区画を占拠する運動であり、格差拡大が「1％」の富裕層と「99％」の貧困層を生み出したとして、「われわれは99％である」とのメッセージを鮮明に打ち出し、格差改善を訴える活動を行った。FF15運動はより広い社会的課題に対応する「コモン・グッド（公益）・キャンペーン」の典型例である。SEIUが資金を提供[4]し、2012年11月、ニューヨーク州200人の労働者でスタートした。オキュパイ運動から連なる「経営者は何億という金を手にしているが、何億という労働者は貧困線以下で働いている」「99％」とのフレームを前面に押し出し、2013年には150以上の都市で数千人規模のストライキを実施し、2014年には33か国に広がった。

　これら運動の興隆を受けて、本稿の対象であるオークランド市では、SEIUの支援によって主にFF15運動を行うコミュニティ組織EBOCが設立され、それを

中心にした活動が行われた。先発のFF15により、後発の最賃引き上げ運動が実施しやすくなったと複数のインタビュー対象者が評価していた。

3．オークランド市の最低賃金引き上げ過程

本稿が主な対象とするオークランド市の最低賃金引き上げ条例可決に至るまでのプロセスをインタビュー調査や資料に基づき**図2**に示し、順に説明する。

(1) コアリションの構築 (2012年末～2013年初め)

2012年末に生活賃金等、オークランド市の他のキャンペーンでともに活動してきたACCEとEBASE、ならびにSEIU1021 (各組織のプロフィールは表2を参照のこと) とで、最低賃金引き上げの可能性を議論し始める。そのきっかけとして大きかったのは、サンフランシスコ市において2010年、サンノゼ市で2012年に最低賃金条例が設定されたことであった。

2013年初めにはコアリションの構築を開始し、介護労働者、スーパーやホテ

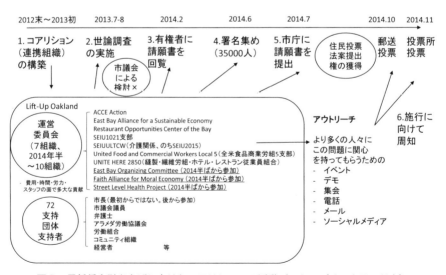

図2　最低賃金引き上げに向けたコアリションの活動プロセス (オークランド市)

ル等の接客労働者等、最低賃金が関連する労働者を組織する労働組合やコミュニティ組織に声をかけて運営委員会を作り会議を開催した。主な議題は、コアリションの中で実現したい政策や効果的なキャンペーン、影響の出る業界の把握（3〜4万人に関係することが明らかにされた）、法案作りであった。

　コアリションを構築する際に、そのルールが明文化され、共有されていた。ルールは①ビジョン、②ゴール、③メンバーに期待されること、④組織構成、⑤意思決定の方法からなる。①ビジョンは経済的公正をめざす、②ゴールは、サンフランシスコ市や他の湾岸地域に近い時給とすることや有給病気休暇となっていた。

　③メンバーに期待されることは、上記のビジョンやゴールを尊重し、守れる人をメンバーシップとして受け入れる、金銭や人員等、可能な貢献をすることが期待されるとし、④組織構成として、運営委員会を設置している（表2）。コアリションの中でもっとも活動し金銭面・人員面での貢献が期待される組織・個人を8団体選び運営委員会メンバーとすること、メンバーには当事者を含むこととされている。⑤意思決定の方法として、「修正コンセンサス」という手法を用いている。これは、対話によって同意に至らなかった際、各団体が5段階で賛成──反対を示した上で、何度かの直接対話の後投票し、2／3の賛成があれば実行にうつす手法である。

　コアリションの構築と並行して、キャンペーンを強めるための調査・研究も進めた。調査・研究の結果は、最低賃金引き上げに反対する商工会議所等のメッセージ「最賃引き上げは仕事や雇用を痛めつける」への対抗や市議会が抱えるコンサルタントの調査への対抗メッセージとして使うほか、特に選挙で選ばれた市長、市議等の政治家に影響を及ぼすために用いられた。

　最賃引き上げの肯定的なインパクトを示す研究の例として、最低賃金が高い郡の失業率の方が上昇するという統計的有意性はないこと、最低賃金が高まるとモチベーションが高まる、離職率が減少するなどの効果があり、ネガティブな影響としては価格のメニューへの上乗せが見られたことを明らかにした研究がある（Reich 2014）。このカリフォルニア大学バークレー校レイバーセンターの研究は、大きなインパクトを有し、センターの研究員はこの結果を携え、市長や市議会議員に説明に回った。

（2）世論調査の実施（2013年7〜8月）

次いで、最低賃金引き上げの是非ならびに引き上げ額に対する400件の電話インタビュー調査を実施した。少なくとも200万円の費用がかかるが、有権者の感触を測るためにこのような調査は必ず行われている。費用はSEIU1021が主に負担し、調査実施を業者に委託する等の作業も行っている。この結果を参考にして請願書に記載する最低賃金額を決定する。

主な結果は、オークランド市では消費者物価指数を加味した最賃引き上げに78％が賛成し、15ドルには45％が賛成していた。この結果を受けて、請願書には12.25ドル、ただし消費者物価指数を加味するとの記載がなされた。一方、サンフランシスコ市では15ドルに59％が賛成したため、15ドルとの記載がなされた。

この後、議員への働きかけが不調に終わったことから、運営委員会は議員立法ではなく住民投票に舵を切り、3つのコミュニティ組織を新たに運営委員会メンバーに加え、よりコミュニティへの働きかけを行った。

（3）有権者に請願書を回覧、署名集め（2014年2〜6月）

住民投票を実施するために必要な数の署名を集めるため、作成した請願書を有権者に回覧し、署名活動を実施した。必要な署名の数は有権者の○％などと市によって決まっている。オークランド市ではコアリションの運営委員会を中心に、特に当事者組織であるワーカーセンター・コミュニティ組織の活発な活動により、必要数をはるかに超える35,000人の署名を集めた。

（4）市庁に請願書を提出──住民投票に向けて住民への接触を図る（2014年7〜10月）

市庁に請願書を提出し投票法案提出権（イニシアティブ）[5]を獲得した後は、住民投票の投票率上昇と賛成の獲得に向けて、多様な方法で住民への接触を図った。

まずメディアとの接触方法として、カリフォルニア大学バークレー校のレイバーセンターと協力し、センターの所長やスタッフが地域のラジオ・新聞等のメディアに出演し、最賃引き上げは税収の増加などにより地域経済にも好影響であることを示した。

　また、この時期は大学の夏期休暇と重複していたため、大学のレイバーセンターやワーカーセンターが実施する夏期インターンシップに参加する学生は、プログラムの一環として、インターネットやソーシャルメディアを使用した接触や、市庁舎前アピール等の直接行動を実施した。その他の直接行動として、毎土曜日に各家庭を訪問し、チラシを渡して選挙に行くよう説得する Get Out The Vote（GOTV）活動も行った。

　さらにコアリションには72の支持者が名を連ねているが、そのうち2,30は「（最低賃金が上がれば）大変な状況になるけれど、正しいことをする」経営者であり、彼らを支援するために、そこで積極的に消費するイベントを展開した。経営者のうちいくつかはRocが組織しているレストラン等の経営者であり、Rocの紹介で支持者に名を連ねていた。

　また、政策過程への直接的働きかけとして、ロビー活動を実施した。ロビイストを雇用し、市議に本法案を推すよう働きかけた。7月には商工会議所がまずより脆弱な法案を議会可決するよう、次いで自分たちの推す議案も投票対象とするよう市長や市議への説得工作を行ったが、コアリション側は自分たちの法案のみを投票対象とするよう強く働きかけ、成功した。多数の署名を集めたこともあり、最終的には市長や議員がコアリションの支持者に名を連ねた。そのため商工会議所は対案の提示を断念した。

（5）投票、施行、履行確保、活動の波及（2014年10月〜）

　オークランド市での住民投票は賛成82％であった。この勝利を受け、サンフランシスコ市では市議会から署名を集めずとも住民投票対象法案にするとの話があった。また、オークランド市では例えば従業員数の少ない企業を法案から除外するよう働きかける等、法案からの除外や例外をめぐる交渉が相当程度あったが、サンフランシスコ市ではそうした交渉は少なかった等の影響があった。

　サンフランシスコ湾岸地域ではリッチモンド市、エミリーヴィル市での2014年、2015年の勝利につながった。またこれらの市では、住民投票ではなく、法案の議会提出が許可され、可決された。さらに、ロサンゼルス市、パサデナ市等南カリフォルニアでの条例につながり、カリフォルニア州全体での最低賃金引き

上げにつながった（2016年）。カリフォルニア州内における他市の状況を検討する限り基本的な方法論は同一であり、一つの市で勝利を収めたことが、他市、州へも波及していることがうかがえた。

4．考察──最低賃金引き上げを可能にしたコアリションのつながり

なぜ本稿のコアリションは、政策実現を可能とするつながりを生み出せたのか。本稿の分析枠組みおよび課題に鑑みて考察する。

（1）組織モデル──組織間の非対称性に介入するシンク＆アクト・タンク

コアリションの組織モデルを**図3**に示す。コアリションの構成は①労働組合、②③の権利擁護を行うとともに、連携全体をコーディネートする労働NGOであ

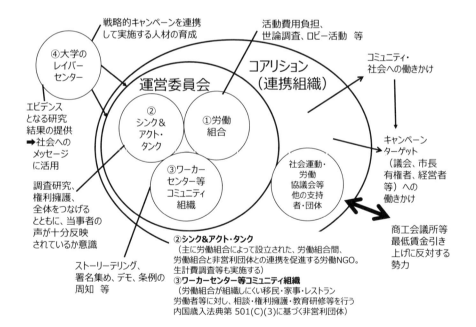

図3　キャンペーンのコアリションモデルと各組織の役割

るシンク＆アクト・タンク、③ワーカーセンター等コミュニティ組織から成る運営委員会が形成され、それを④大学のレイバーセンターが教育・研究面で支援し、労働協議会や労働者に親和的な経営者・教会や社会運動が支持していることが明らかとなった。

　Diani and Mische（2015）が指摘したコアリションにおける非対称性は間違いなく存在し、特権を有する側である①労働組合のそれへの自覚とともに、労働組合とコミュニティ組織間の「橋渡し者」としての②シンク＆アクト・タンクの重要性が浮かび上がった。以下、各アクターの役割を記述するとともに権力関係への自覚、多様性の尊重への意識を示す。

① 労働組合

　特にSEIU1021支部は、コアリション結成を模索する段階から参画し、世論調査の実施手配、コアリションの会議への出席、市議との面会等ロビイング、チラシ作成、フェイスブック作成等で貢献し、費用面、人員面で多大な資源を提供している。コアリションにおける資源の交換について、組織ディレクターは異なる意見の尊重が大切で、連携にはルールが必須だと社会的公正を意識した発言を述べる。

　　コアリションで問題なのはギブアンドテイクのこと。コアリションでは欲しいもの全てが手に入るわけではなく妥協しなければならない。妥協は好きではないが、労働組合のように強くなるためには一緒にやらなければならない。そのためには意志決定や責任に関するルールが必要。（中略）資源を持ってきてという要請もある。お金がないなら人、といったように持ってこられるものは何でも、何かは持ってこなければならない。（中略）したいことが異なってイライラするが、それがコアリション。何とかしなければならないし意見の異なる人たちのことも尊重しなければならない。だからコアリションの仕事は人生みたいなもの。何とかやっていく。活動の最初にガイドラインを作って同意を取っておくのが一番いい方法だと思う。（SEIU1021支部　組織ディレクター　下線筆者）

その他、例えば介護労働者を組織するSEIU-ULTCW（2015年よりSEIU2015）は介護労働が忙しく時間的余裕が少ないこともあり、代わって署名集めをしてくれる人材を雇用する資金を負担するなどした。他の組合も資金負担や署名集め、市議への働きかけ等の政治活動を実施した。

② シンク＆アクト・タンク

コミュニティの権利を擁護する組織として、コアリションの構築、戦略の立案等を中心的に担っていた。各組織間をつなぎ、権力関係の中で特に当事者の参加・代表が促され、意見が十分反映されるよう介入していた。コアリションの構築こそが自組織の役割であると明確に語っていた。例えばEBASEは、コアリションの活動を進めていた2014年の半ばに、より多様なアクターとの連携と当事者の意見がより反映されることを目指して、コミュニティ組織FAME, EBOC,Street Level Health Projectを運営委員会に加えるよう働きかけた。前述した運営委員会の意思決定手法「修正コンセンサス」を実施した結果加わることが決定したが、それはコアリションの活動過程で唯一、対話による同意に至らずに同手法を用いた機会となった。つまり、同手法を使わなければならないほどに葛藤・対立があったことがうかがえる。さらに、以下の語りからはコアリションの中での資源交換に課題があることが伺える。

　　課題はコアリションの中のパワーダイナミクスだけではない。コミュニティ組織は労働組合のような資金は持てないかもしれないが、私たちはメンバーや人々、政治的な関係を持ち込めてはいる。そこに課題がある。（中略）私たちが労働組合やコミュニティ組織をコアリションに加える時、バランスを取るようにしている。そうすれば労働組合が強すぎたりコミュニティ組織が強すぎたりしないから。そのためにできるだけバランスを維持しようとしている。だからコミュニティ組織を追加することにした。（中略）労働組合は投票に対して寄付を募れるが、私たちのような組織は寄付を募れないのも難しいところ。（EBASE　副ディレクター　下線筆者）

　こうしたパワーダイナミクスや資源交換の非対称性等社会的公正についての視座は、NGOの組織リーダーが環境運動団体での勤務経験を持ち、コミュニケーション、組織化、キャンペーン等のトレーニングならびに数多くのコアリション構築を行ってきたことによるものと考えられる。先行研究における「橋渡し者」は、コミュニティ組織を教育し、理念を共有する存在として位置づけられていた（Tattersall 2010）が、本稿では非対称性を意識し、コミュニティ組織の参加が図られるよう介入する存在として位置づけられる。

③ ワーカーセンター等コミュニティ組織

　コアリションの中でのワーカーセンターは、当事者、現場に最も近いという立ち位置から、一般住民との接触（アウトリーチ）で特に力を発揮していた。自らの組織のメンバーはもちろんのこと、イベントやデモ等の直接行動に積極的に参加し、住民にこの問題を周知し、賛同を得られた住民の署名集めを行った。問題を共有するに際しては、ストーリーテリング（当事者による語り）を収集し、イベントで用いるほか、SNSへのアップロードを積極的に行った。議会へのロビー活動にも当事者が出向き、市長・議員に自らのストーリーを語った。特にファストフード労働者を組織化するEBOCからの参加者がキャンペーンの顔となって貢献した。

　そのほか、自組織がすでに有しているつながり（社会的ネットワーク）を積極的に提供していた。例えばRocはつながりのあるレストラン経営者をコアリションの支持者に含める等を行い、また、宗教組織であるFAMEは25〜30の教会を組織し、教会で牧師が「必ず投票に行ってください」「コミュニティによいと思うことに投票してください」と話すようにした。

　最賃引き上げ運動において、組織規模の小さいワーカーセンターがいかに位置づけられているかが本稿の問題関心であったが、当事者としてコアリションの一員となり、ストーリーテリング、デモ等のアウトリーチ、条例制定後の周知等を担っていた。資源の非対称性やパワーダイナミクスには①労働組合が自覚し、②シンク＆アクト・タンクが介入していたため、ワーカーセンター含むコミュニティ組織の活動がより促進されたと考えられる。

（2）イデオロギー的親和性——社会的公正の価値観を共有

　本稿では労働組合が社会的公正を意識するとともに、次に述べるようにコモン・グッド（公益）・キャンペーンを実施していた。さらにシンク＆アクト・タンクは、社会運動の経験を有するリーダーがコアリション内部からの社会的公正をめざし、特に資源が少ないコミュニティ組織の参加や代表を意図的に確保していた。コアリションの構築こそが自組織の役割であると明確に位置づけていた。最低賃金引き上げ等社会的公正を目指す運動を行う連携組織の中で、内側から社会的公正を意識し各組織の意見を尊重していく姿勢が伺えた。

　さらに主に大学のレイバーセンターやシンク＆アクト・タンクが組織横断的に実施する参加型労働教育の継続的実施により、社会的公正を目指す意識の醸成が行われるとともに、個人のストーリーが共有され個人間・組織間のつながりが形成されていた。

（3）共通の関心・コアリション外部との関係——コミュニティとの連携の必然性

　コアリションは「最賃引き上げ」を協議事項・共通の関心としてつながり、シンプルに徹するメッセージ、響くフレームを発信していた。当事者に対してはオキュパイ運動の「私たちは99％である」やFF15運動の「15ドル」をメッセージとして伝え、コミュニティ、社会、市長や市議に対しては、研究結果に基づき「フルタイムで働いている人が貧困であるべきではない」「最賃引き上げは税収の増加につながり、コミュニティに資する」と働きかけ、35,000の署名を得るとともに最終的には市長・市議を含め72団体を支持者に連ねた。2-30の経営者も支持者に名を連ね、労働過程論の視座からは、顧客やコミュニティとの連携、最低賃金引き上げによるサービスの質の向上を前提として経営者・コアリション外との関心の共有が意識的に行われていたことを指摘できる。

　特にSEIU1021支部は市に勤務する公務員を多く組織しており、もちろん労働者として自分たちの労働協約が大切だが、同時に市の行政サービスを提供する側や住民として、コミュニティ組織が取り組む住宅・貧困問題にも関心を有していた。そのため、地域のコミュニティ組織と同盟を結んで、組合の協約の交渉をコミュニティ組織が支援したり、コミュニティ組織が求める貧困対策プログラムの

予算化を組合が支えたりしている。そもそも、オークランド市内に住んでいる組合員が約7,000人、同市で働いている組合員が約4,000人いるため、行政サービスの受け手も提供側も多数存在する。サービス経済化での運動が必然的にコミュニティを意識したものになる所以である。

　そのため、運動の影響力を強めるために、サービスの受け手である地域住民の支持を得る必要が生じてくる。そこで公務員は地域の改善も行う、自分たちの労働条件のみを主張しているのではない、と打ち出す。先述のようにこれをコモン・グッド（公益）・キャンペーンと言い、たとえば2010年に、リーマンショック後の不況で税収が上がらず市が行政サービス削減を提案した際、SEIU1021は市民の暮らしの悪化につながりかねないと反対し、代わりに富裕層への課税を求めるキャンペーンを打ち出した。これが組織化や組合の交渉の際にも資する、つまりコミュニティから自分の組合員のことしか考えない組合ではなく、コミュニティのことを考える組合だと認識してもらえる、として取り組んでいた。この点はポスト工業社会の労働過程において顧客・コミュニティとの連携の必然性が鮮明に浮き彫りにされた事例として指摘できる。

5．結論と今後の課題

　本稿の対象としたコアリションでは、各アクターが多様性の尊重を意識するとともに、労働NGOであるシンク＆アクト・タンクが組織間の非対称性に積極的に介入し、当事者の発言、代表を確保していた。これにより社会的公正をコアリション内から実現しつつ、最低賃金引き上げという社会的公正の追及を軸にコアリション外の支持を調達し、住民投票の勝利に結びつけていた。その背景には、分断・排除の新自由主義的価値観へのアンチテーゼとしての社会的公正が、参加型労働教育や社会運動の実践から「関係構築の文化」として醸成されていることが指摘できる。このような「労働者文化」（河西 1981）を構築することが肝要だろう。

　日本においても、社会的公正を追及するキャンペーンに向けて、労働組合や労働NGOが、当事者を代表する個人加盟ユニオン・コミュニティ組織を加えたコ

アリションを構築していくことが1つの道筋として考えられるが、その際も、組織およびコアリション内外において社会的公正を追求するという視点が必須となろう。

　本コアリションは最終的に投票対象案を作成する際に譲歩もあったが、この労働組合、シンク＆アクト・タンク、ワーカーセンター等当事者組織からなる「コアリションモデル」が市・州での最低賃金引き上げを成し遂げ、労働の不安定化をくいとめていたことは一定程度評価できると考えられる。

　もちろん本調査事例は、オークランド市という米国西海岸カリフォルニア州サンフランシスコ湾岸地域での一事例という限界を有している。ただ、調査を進める過程で、ロサンゼルス市やサンフランシスコ市での調査でも類似したコアリションを確認することができた。別稿に期したい。

〔謝辞〕
　　まず調査にご協力いただいた方々に御礼申し上げたい。また、本稿を執筆する過程において、いくつかの研究会で報告する機会に恵まれた。報告の機会ならびにコメントをいただいた皆さまに感謝申し上げたい。2名の匿名レフェリーならびに編集委員会にも御礼を申し上げたい。本研究は、JSPS科研費26257105ならび17K04159の助成を受けた研究成果の一部である。

〔注〕
1　生活賃金条例は、市事業受注業者の賃金を一定額以上に定める条例。1994年にメリーランド州ボルチモアで初めて制定された。
2　米国では、全米労働関係法（National Labor Relations Act NLRA）により、一つの職場組織の交渉代表を一つと定めている。これを「排他的交渉代表制」と呼ぶ。そのため、全国労働関係局（NLRB）管理下の選挙において、対象となる職場組織の50％を超える支持を得なければ、経営側との交渉が可能な労働組合が組織できない。
3　実際にバークレー市では、2014年に経営者団体（商工会議所）側に近い法案が議会可決されたため、再度労働側に近い法案を提出すべく、コアリションが活動を継続した。
4　SEIUはFF15に1,000万ドル（約10億円）を投資した、とされている（Bernhardt and Osterman 2016）。
5　投票法案提出権とは、一定数以上の登録有権者によって署名された申請が、提出された法令に公的投票をもたらす手段である。

〔参考文献〕

Bernhardt, A.,and Osterman, P.（2016）"Organizing for Good Jobs: Recent Developments and New Challenges." *Work and Occupations*. 44（1）89–112.

ブラヴォイ、マイケル（2009）「エスノグラファーの呪い―市場原理主義の時代の労働研究―」「参加者との討論」日本労働社会学会第20号「小特集　市場万能の時代における労働研究の可能性―マイケル・ブラヴォイとの対話」東信堂。

Cobble, D.S., and Merrill, M.（2009）"The Promise of Service Sector Unionism", In M. Korczynski, and C.L. Macdonald eds.,*Service Work: Critical Perspectives*. New York and London: Routledge.

Dean, A., and Reynolds, D.（2009）*A New New Deal: How Regional Activism Will Reshape the American Labor Movement.* A Century Foundation Book.（＝アメリカの労働運動を原書で読む会（2017）『地域力をつける労働運動―アメリカでの再興戦略』かもがわ出版。）

Diani, M.（1995）*Green networks: A structural analysis of the Italian environmental movement.*
―――.（2015）The Cement of Civil Society: Studying Networks in Localities. Cambridge/New York: Cambridge University Press.

Diani, M., and Mische, A.（2015）"Network Approaches and Social Movements", In della Porta, Donatella and Diani, M.*The Oxford Handbook of Social Movements*.Oxford University Press.

遠藤公嗣編（2012）『個人加盟ユニオンと労働NPO』ミネルヴァ書房。

遠藤公嗣・篠田徹・筒井美紀・山崎憲（2012）『労働政策研究報告書 No.144 アメリカの新しい労働組織とそのネットワーク』労働政策研究・研修機構。

遠藤公嗣・筒井美紀・山崎憲（2013）『仕事と暮らしを取りもどす　社会正義のアメリカ』岩波書店。

Fine, J.（2006）Worker Centers: Organizing Communities at the Edge of the Dream, Ilr Press.
―――.（2007）"A Marriage Made in Heaven? Mismatches and Misunderstandings between Worker Centres and Unions" *British Journal of Industrial Relations*, 45（2）: 335-360.
―――.（2015）, "Alternative Labour Protection Movements in the United States: Reshaping Industrial Relations?" *International Labour Review*, 154（1）: 15-25.

Frege, C.,Herry, E., and Turner, L.（2004）"The New Solidarity? Trade Union Coalition-Building in Five Countries" In Frege, C., and Kelly, J. *Varieties of Unionism: Strategies for Union Revitalization in a Globalizing Economy*. Oxford University Press.

Goodman, D.（2011）*Promoting Diversity and Social Justice: Educating People from Privileged Groups (2nd ed.).* New York: Routledge.（＝出口真紀子他訳（2017）『真のダイバーシティをめざして―特権に無自覚なマジョリティのための社会的公正教育』上智大学出版。）

橋口昌治（2011）『若者の労働運動―「働かせろ」と「働かないぞ」の社会学』生活書院。

Holgate, J.（2015）"An International Study of Trade Union Involvement in Community Organizing: Same Model, Different Outcomes."*British Journal of Industrial Relations*, 53（2）: 460-483.

飯嶋和紀（2016）『労働組合職場組合の交渉力―私鉄中国広電支部を事例として』平原社。

Jacobs, K.（2018）"Governing the Market from Below: Setting Labor Standards at the State and

Local Levels" In Fine, J., et al, *No One Size Fits All: Worker Organization, Policy, and Movement in a New Economic Age*, Labor and Employment Relations Association Series, 271-94.

Kalleberg, A.L.（2009）"Precarious Work, Insecure Workers: Employment Relations in Transition," *American Sociological Review*, 74: 1-22.

河西宏祐（1981）『企業別組合の実態』日本評論社。

―――, （2009）『全契約社員の正社員化』早稲田大学出版会。

木下武男（2012）『若者の逆襲―ワーキングプアからユニオンへ』旬報社。

小谷幸（2013）『個人加盟ユニオンの社会学―「東京管理職ユニオン」と「女性ユニオン東京」（1993年〜2002年）』御茶の水書房。

今野晴貴（2015）『ブラック企業2「虐待型管理」の真相』文藝春秋。

Levi, M., and Murphy, G.（2006）"Coalitions of Contention." *Political Studies*, 54: 651-667.

ルース、ステファニー（2005）「アメリカにおける生活賃金運動」国際労働研究センター編 2005、『社会運動ユニオニズム　アメリカの新しい労働運動』緑風出版。

―――, （2016）「低賃金を引き上げる　米国の最低賃金引き上げ運動とその背景」『労働法律旬報』1858号（2016年2月25日発行）55-62頁.

Milkman, R.（2006）*L.A. Story: Immigrant Workers and the Future of the U.S. Labor Movement.* Russell Sage Foundation.

―――, and Odd, E.（2014）*New Labor in New York: Precarious Workers and the Future of the Labor Movement.* Cornell University Press.

Moody, K.（1997）*Workers in a Lean World: Unions in the International Economy.* London, Verso.

中根多恵（2018）『多国籍ユニオニズムの動員構造と戦略分析』東信堂。

Osterman, P., Thomas A. Kochan, Richard M. Locke and Micheal J. Piore（2001）*Working in America: A Blueprint for the New Labor Market*, The MIT Press.（＝伊藤健市、中川誠士訳（2004）『ワーキング・イン・アメリカ―新しい労働市場と次世代型組合』ミネルヴァ書房。）

呉学殊（2011）『労使関係のフロンティア―労働組合の羅針盤』日本労働政策・研修機構。

Reich, M., Jacobs, K., Dietz, M.,（2014）*When Mandates Work: Raising Labor Standards at the Local Level*, California Univ Press.

Reich, R.（2016）*Saving Capitalism: For the Many, Not the Few*, Vintage（＝雨宮寛、今井章子訳（2016）『最後の資本主義』東洋経済新報社。）

Rose, F.（2006）*Coalition Across the Class Divide: Lessons from the Labor, Peace, and Environmental movements.*Ithaca, Cornell University Press.

鈴木玲（2005）「社会運動的労働運動とは何か―先行研究に基づいた概念と形成条件の検討」『大原社会問題研究所雑誌』No.562・563（2005年9・10月）、1-16頁。

―――, （2010）「社会運動ユニオニズムの可能性と限界−形成要因、影響の継続性、制度との関連についての批判的考察」法政大学大原社会問題研究所・鈴木玲編『新自由主義と労働』御茶の水書房、195-221頁。

Suzuki, A.（2012）*Cross-national Comparisons of Social Movement Unionism: Diversities of Labour Movement Revitalization in Japan, Korea and the United States (Trade Unions Past, Present and Future)* ,Peter Lang Pub Inc.

鈴木和雄（2012）『接客サービス労働の労働過程論』御茶の水書房。

高須裕彦（2010）「労働組合運動の新展開：社会運動ユニオニズムの可能性・日米を比較して」社会政策学会編『社会政策』第2巻第1号（2010年6月）、51-63頁。

―――,（2019）「米国の最低賃金の大幅引き上げはいかにして実現されたか」社会政策学会編『社会政策』第10巻第3号（2019年3月）、53-65頁。

Tapia, M.（2019）"Not Fissures but Moments of Crises that Can Be Overcome": Building a Rational Organizing Culture in Community Organizations and Trade Unions. Industrial Relations. Vol.58, No.2, 229-250.

Tarrow, S.（1998）The Power in Movement: Social Movement and Contentious Politics, Second Edition, Cambridge University Press.（＝大畑裕嗣監訳（2006）『社会運動の力―集合行為の比較社会学』彩流社。）

―――（2010）The Power in Movement: Social Movement and Contentious Politics, Third Edition, Cambridge University Press.

Tattersall, A.（2005）There is Power in Coalition: A framework for assessing how and when union-community coalitions are effective and enhance union power. *Labour and Industry*.16（3）: 97-111.

―――（2010）*Power in Coalition: Strategies for Strong Unions and Social Change*, Cornell Univ Press.

Turner, L., and Hurd,R.W.（2001）"Building Social Movement unionism: The transformation of the American Labor Movement" In *Rekinding the movement: Labor's Quest for Relevance in the Twenty-First Century*, edited by Turner, L., Katz, H.C., and Hurd, R.W., 9-26. Ithaca, NY: ILR Press.

Voss, K., and Sherman, R.（2000）"Breaking the Iron Law of Oligarchy: Union Revitalization in American Labor Movement." *American Journal of Sociology*. 106（2）：330-349.

山田信行（2014）『社会運動ユニオニズム―グローバル化と労働運動の再生』ミネルヴァ書房。

日本労働社会学会奨励賞選考委員会（2019、論文の部）選考結果

１．対象候補作

　対象候補作3点について、本委員会の委員3名（上原慎一会員、鈴木玲会員、渡辺めぐみ会員）で検討した結果、以下を論文の部における奨励賞受賞対象作とする。

　近間由幸「衣料品チェーンストアA社における非接客労働の重要性」
　『労働社会学研究』20号、2019年、所収

（参考）他の対象候補作
　野村駿「不完全な職業達成過程と労働問題」
　飯嶋和紀「福岡県生協における同一労働同一賃金転換の実態」
　いずれも『労働社会学研究』20号、2019年、所収

２．受賞理由

① 概 要

　本論文は衣料品チェーンストアA社B店への参与観察に基づいて、A社B店の労働密度の強化が顧客側に移転された接客労働よりも、レジや在庫管理などの非接客労働の厳しい時間管理によるものであることを明らかにした。また、先行研究では必ずしも明らかにされてこなかった、「ブラックバイト」と呼ばれる労働のあり方、長時間労働や業務の多忙化が生ずるメカニズムを労働過程分析から明らかにもしている。

② 意 義

　本論文が評価できる点は以下の2点である。第一はブレイヴァマンの労働過

程論、ホックシールドの感情労働論、クレイザーの労働移転論などの検討に基づき、分析枠組みを提示し、参与観察の知見から得た「セルフサービス化した店舗における非接客労働」の内実を分析している。分析枠組みを示し、そのうえで実証的な検討をおこなうという社会科学的な手続きを堅実に踏んでいる。

　第二は参与観察のメリットを充分に生かした労働過程の的確な描写である。業務内容（通達確認、清掃、商品整理、品だし、レジ）、店舗運営システム、作業管理等、総じてＡ社の店舗運営が具体的にどう可能となっているのか、についての分析が過度に抽象的にならず、丁寧で分かりやすく叙述されているというのが本作の特徴であるが、具体的事実の把握能力や叙述の際の冷静な分析能力は著者の今後の可能性を期待させるに充分である。

③ 問題点

　とはいえ、問題点も指摘できる。第一は参与観察研究に往々にして見られるところであるが、企業や事業所の情報が体系的に押さえられていないので、この事例がＡ社あるいは衣料品小売業全体の中でどのような位置づけを持つのか、といった点から評価することが難しい。

　第二は、自ら指摘していることではあるが、重層的な労働編成、管理システムとの関連である。具体的に言うと本論文で分析しえたのは男性学生アルバイトおよび地域正社員のみであり、それ以外の属性や雇用形態の労働者の働き方とどのように差異と共通性があるのか、明らかになっていない。

　第三は、先行研究の位置づけである。労働社会学会の会員による労働過程論は理論的にも実証的にも膨大に存在する。本論文ではそれらについてほとんど触れられていない。紙幅の関係もあろうが、これまでの労働社会学会の会員の業績に何を付け加えたのかという観点からの総括が求められる。

3. 他の候補作について

(1) 野村駿「不完全な職業達成過程と労働問題」について

本論文は特定の音楽事務所に所属していないロック系バンドのミュージシャンについて、ネットワーク形成の観点から職業達成過程を彼ら/彼女らの活動実態と労働問題との関連から明らかにしたものである。

丁寧な聞き取りによる分析によりネットワークの順機能と逆機能、労働搾取などが当事者の視点が明らかにされているが、本論文の中核的な概念である「職業達成過程」の検討が不十分であるばかりでなく、そのような位置づけで分析することが可能であるかどうか説得的ではない。

(2) 飯嶋和紀「福岡県生協における同一労働同一賃金転換の実態」について

本論文はエフコープの同一労働同一賃金がいかにして可能となったか、正規・非正規労働者の「当事者の論理」に即して明らかにしたものである。さらに、この事例と広島電鉄の事例とを比較検討し、雇用形態による格差解消について、一般化を試みている。

パートタイマーの職能給・職務給の受入れ、正規職員の生計費原則への訣別の過程について、「当事者の論理」で詳しく分析されている。特にパートタイマーが組合提案を2度も否決した後、3度目に受入れていく過程の分析は迫力があるが、賃金と仕事の関係が必ずしも明らかにされていないため、課題で述べられた雇用形態間の格差とジェンダー間の格差の区別と関連の問題が明確にされていない。また、正規職員が生計費原則との訣別を受け入れた過程についてはややあいまいな叙述になっているという印象を受ける。

書　評

── 日本労働社会学会年報第31号〔2020年〕 ─

秋元樹著

『労働ソーシャルワーク

──送り続けられたメッセージ／アメリカの現場から──』

（旬報社、2019年、A5判、579頁、定価6,000円＋税）

鎌田　哲宏

（静岡大学名誉教授）

産業革命を経て、ヨーロッパに広がっていく資本主義社会を、ヘーゲルは「欲望の体系としての市民社会」と喝破した。1776年に独立宣言をしたアメリカ合衆国は、多くの国から、さまざまの下層の人間が移住し、異なる人種、民族、宗教、文化、価値観、生活様式などが混在する場で、人間（主に白人）の欲望を無制限に解き放つと、どのような社会が形成されていくのか、この2世紀半のアメリカは、まさにその壮大な実験場であったと言えよう。

「自由と民主主義」を標榜しながら、原住民を不毛の荒れ地に囲い込み、南部では黒人奴隷を私有財産として所有し、農業経営を展開した。確かに夢と希望の新大陸では、才能と幸運と努力によって、誰もが「王様」になれた。そしてモルガン、デュポン、ロックフェラーなどの財閥が形成される。1929年の大不況で、アメリカの資本主義は早くも国家独占資本主義段階に到達し、第二次世界大戦後、本土が無傷であったアメリカは世界の覇権を握り、豊かな社会を実現する。敗戦後の日本から見ると、アメリカは光り輝いて見えた。この光のなかへ著者は果敢に挑戦し、ウェインステイト大学で修士、ニューヨーク大学で博士を修得する。専門は労働問題から労働ソーシャルワークへと展開し、研究スタイルは徹底的に自分の足で歩き回り、膨大な資料を収集分析し、多くの関係者に面接を繰り返し、問題の本質に迫っていく。

しかし、アメリカの栄光は長くは続かなかった。日本やヨーロッパが戦後急速に復興を遂げ、自動車産業などは日本がアメリカを追い越していき、デトロイトなどの自動車産業都市は荒廃していく。やがて世界的構造不況に陥ると、レーガンは新自由主義の方策をとり、中産階級が没落し、一握りの上層階級に富が集中

142

し、膨大な貧困層が堆積していった。

　著者は戦後激変するアメリカの懐に深く入り込み、問題の現場から、生々しいレポートを日本に送り続けた。それをまとめたものが本書である。以下に本書の章別構成を示す。

序　章　労働者福祉論のススメ

第1章　「労働ソーシャルワーク」とは何か──アメリカから

第2章　失業──崩壊する家庭と社会

第3章　「働く貧乏人」──下位3分の1層とマクロ経済の繁栄

第4章　「生活できる賃金を」

第5章－Ⅰ　仕事か命か／労災・職業病──自動車産業を例に

第5章－Ⅱ　”NPO”COSH(労働安全衛生会議)の組織と活動

第6章－Ⅰ　職場における差別・人権──70年代、80年代と「女性問題」

第6章－Ⅱ　セクシャル・ハラスメント──考え方と法的対応の前身

第7章　「先進国」における児童労働──アメリカの現状と年少労働者対策

第8章　障害を持つ労働者の雇用と労働組合──障害者はいない／アコモデーション

第9章－Ⅰ　高齢者と国家政策──年齢差別の禁止と年金問題

第9章－Ⅱ　アメリカの労働組合は中高年組合員のために何をしているか──雇用・所得・医療保障と退職前・退職後プログラム

第10章　労働者の抱える問題と労働相談──従業員相談／組合員相談(EAP／MAP)

第11章－Ⅰ　資本は勝手に動いて良いわけではない──GMフリント54日間のストライキの意義

第11章－Ⅱ　労働問題紛争の国境を越えた新たな解決モデル

第12章－Ⅰ　あるソーシャルユニオン

第12章－Ⅱ　労働組合とソーシャルワーク──類似と相違、共働と敵対

補　章　ごく普通の働く人々の抱える悩み・問題──500人インタビュー調査(日本)

アメリカの支配階級は、企業大富豪、政界幹部、軍上層部の三者が結合し、権

力・富・威信を集中させている。それをミルズは「パワー・エリート」と呼んだ[1]。
この三者は婚姻などで堅く結びつき、大衆社会を支配していく。映画「ジャイア
ンツ」では花嫁が、「大いなる西部」では花婿が、東部から西部の大牧場主の家
にやって来る。しかし、レーガン以後、規制緩和を受けた強欲大資本は安全性を
無視して大量の家畜を薬漬けにし、安い食肉を市場に流通させ、多くの良心的な
牧場経営を破滅させていった。医療、教育、福祉の分野でも同じような事態が進
展している現実を、堤未果「貧困大国アメリカ」シリーズなどが告発している[2]。

　本書も、衰退する自動車産業都市デトロイト等の労働問題の厳しい事例を報告
している。大量に解雇された失業者は、失業を自己責任と考え、労働組合も「首
切り反対運動」は行わない。失業保険が切れるとフード・スタンプを受け（アメ
リカ全市民の20％が受給資格を持つ）、ドッグフードを食べたり、ゴミ箱を漁っ
たりする。失業した父親はこどもを虐待する。虐待を恐れて施設に入れたり、自
らひとり家を出て行く（第2章）。1981年レーガン大統領が登場し、未曾有の好
景気を迎える。しかし、全アメリカ世帯の3分の1から5分の2が「貧乏人」で
あり、しかもその半数以上が「働く貧乏人」（ワーキングプア）である。さらに
その3分の1が年間フルタイムで働いているのである（第3章）。そこで、1990
年代に入ると、リビング・ウェイジ・キャンペーン（生活できる賃金をめざす運
動）がはじまる。それは、郡市町村単位で、条例によって、この自治体と契約を
結び、補助金の交付、融資、税の減免等経済的助成を受ける企業に対して、その
従業員にリビング・ウェイジを支払うよう要求するもので、1999年には全国40
の自治体がこの条例を制定している（第4章）。

　1970年代半ば、労働省労働統計局によれば、労働災害の死傷者数は570万人
になり、1970年の「労働安全衛生に関する大統領報告書」によると、全国平均1
日8時間の労働で400人の死亡者がでるという。驚くべき数値であるが、しかし
これは実態を正確に示していない。企業が労災を隠蔽している事実を、自動車産
業を事例として、詳細に調査し報告している。ある調査では、実際の死傷者数は
公的統計の5倍から10倍あるという（第5章－Ⅰ）[3]。これをどうにかしようと労
働組合、専門職（医師、弁護士、ソーシャルワーカー等）、宗教家等でつくる
NPO"COSH"（労働安全衛生会議）が全国に約30設立され、労災被災者の相談、

裁判援助、自助グループの組織化、労働安全衛生に関する立法、法改正運動に尽力している（第5章－Ⅱ）。

「同一労働同一賃金」では女性の低賃金は解決できない。秘書、タイピスト、看護婦、保母など、主に女性ばかりの仕事の賃金差別の解決は「相当価値労働同一賃金」でなければならない。つまり現実は、タイピストの賃金は警備員の賃金より低く、電話交換手の賃金が電車車掌の賃金より低い。同一の価値のある労働には同一の賃金が支払われるべきである。この問題解決運動は法廷で続けられている（第6章－Ⅰ）。1970年代前半は、裁判所はセクハラ・ハラスメントを個人的問題として扱い、性差別には該当しないと判断した。いかし、80年代に入って、次第に認められるようになる。そのプロセスが詳細に述べられていて興味深い（第6章－Ⅱ）。

「先進国」であるアメリカにも多くの児童労働が存在する。全国で400万人とか550万人とも推定され、あらゆる産業、職業で、フルタイムあるいはパートタイムとして低賃金で働いており、多くの具体的事例が紹介されている。この問題に取り組んでいる少数のNPO,労働組合、研究者、行政担当者、政治家などの活動を各州の法律を検討しながら報告している（第7章）。アメリカでは障害者と健常者とを区別しない。補助器具などを使ってどのような仕事ができるかが問われる。賃金格差もない。障害者を雇用している多くの事例を報告し、労働組合の果たしている大きな役割を紹介している（第8章）。

定年制は年齢による差別と考えられているのでアメリカに定牢制はない。それにも拘わらず、ほとんどの雇用者は65才前に退職する。厚生年金、私的年金、従業員退職所得保障があり、65才以上には連邦政府管掌の健康保険（メディケア）がある（第9章－Ⅰ）。労働組合の中高年組合員対策は充実している。レイオフやリコールだけではなく多くの場合に勤続年数の長い者ほど優遇されるセニオリティ（先任権）、退職前・退職後プログラムを具体的な事例として紹介している（第9章－Ⅱ）。

以上、多様なアメリカ労働問題の状況分析を展開しているが、堤らの告発ルポとは根本的に異なる点がある。それは、強欲資本主義の強欲に対抗する力が何処にあるか、著者が青春時代を過ごした素晴らしい「希望の大国アメリカ」へと回

転していく要因を探し続けていることである。まずは労働組合。すでに著者は前
著で、アメリカ労働運動の歴史と現状を詳細に分析している[4]。しかしそこでは
組織率が15％〜16％にまで落ち込み、コンセッション（譲歩）を繰り返し、労
働運動再興の動きもあったが、本書第12章で述べられているように、制度化、
官僚化、幹部の専門職化が進み、労働運動は「保険代理店ユニオニズム」へと向
かっていった。それでも著者は"アメリカ労働運動の新しい波"に着目する。

　それはニューヨークをはじめ、アメリカ各地に叢生してきた「非公式労働運
動」である。例えば①ニューヨーク州（市）労働＝宗教連合、②全国高齢者会議
（ワシントンD.C）、③黒人労働組合員連盟（デトロイトなどの大都市に）、④全
国働く女性協会、⑥フィラデルフィア協同企業協会など、11の組織に自ら足を
運び、精力的にインタビュー調査を行って、新しい変革の芽を見ようとしている。

　そして著者が最も重要視しているのが「労働ソーシャルワーク」である。それ
は「労働者福祉」と訳され、本書の序章と第1章で「労働者福祉」の説明が述べ
られている。それは他の「老人福祉」や「障害者福祉」などと同じもので、「労
働者の福祉を考え、その実現に向けて実践すること」と定義している。対象とな
る労働者の範囲は、ブルーカラーはもちろん、ホワイトカラー、ピンクカラー、
その他すべての労働者を含む。取り扱う問題は、労働現場からさまざまの生活問
題まで全部である。労働者福祉の提供者は使用者、労働者団体、政府・自治体そ
の他の集団及び組織であり、その研究は、社会政策、社会福祉政策、労働／産業
社会学、労使関係論その他学際的であり、その実践活動の担い手である「ソー
シャルワーカー」はコロンビア大学ほか5大学で養成されている。活動のキー
ワードは「相談」であり、第10章で従業員相談プログラム（EAP）と組合員相
談プログラム（MAP）による具体的な実践例が詳細に報告されている。さらに、
第12章では労働組合とソーシャルワークの比較検討が多くの項目ごとに行われ
ていて参考になる。

　たしかに労働組合の力の弱い日本では、「労働者福祉」の提案は重要な意味を
もっている。著者はこの相談プログラムを日本で試みている（補章）。1984年と
1986年に東京とその周辺で511名の「働く人」を対象に面接調査を行い、悩み、
不満、問題、困難、腹が立つこと、頭に来ること聞き、興味深い分析を行ってい

る。これは日本における「労働者福祉」研究の端緒をなすと言える。現在の日本の階級構造は、労働者階級の下に「アンダークラス」という新しい下層階級が増大している[5]。それはどの規模の企業、どの職種にも広く分布している非正規労働者で、低収入で生活水準は低く、男子は結婚できず、女子も母子家庭が多く、さまざまの生活問題を抱えているのに労働組合に加入できるものはきわめて少ない現状を考えると、「労働者福祉」こそがいま求められていると言えよう。つまり、従来の「労働問題」からはみ出した「労働者をめぐる問題」を包括的に大きく捉え直そうとする「労働者福祉」の提案と考えると、本書の意義は一層大きいといわねばならない。その場合、労働問題と労働者福祉の主体と活動の範囲について定義し直し、両者の明確な違いを提示する必要があるだろう。これが果たされた暁には本書は新たな研究分野を拓く端緒ともなろう。

　最後に、堤未果らの告発ルポ、マイケル・ムーア監督の一連の映画、分断と対立を煽る大統領、格差と貧困を原因とする新型コロナウイルスの患者と死亡者の桁外れの多さ、などは「絶望大国アメリカ」を思わせる。それは人間の「抑制なき欲望行為」の行きつく結果である。しかし著者はアメリカのいわば「復元力」を信じ、その力となる組織や運動をアメリカ各地をまわり、調べ上げている。本書はマスコミが取り上げていないもう一つの、真のアメリカを教えてくれる優れた、貴重な著作である。

〔注〕

1　C.ライト・ミルズ（鵜飼信成、綿貫譲治訳）(1956)『パワー・エリート』ちくま学芸文庫
2　堤未果 (2008)『ルポ貧困大国アメリカ』岩波新書
　　堤未果 (2010)『ルポ貧困大国アメリカ II』岩波新書
　　堤未果 (2013)『(株) 貧困大国アメリカ』岩波新書
　　堤未果 (2015)『沈みゆく大国アメリカ』集英社新書
　　林壮一 (2008)『アメリカ下層教育現場』光文社新書
　　林壮一 (2011)『オバマも救えないアメリカ』新潮新書
　　コリン P, A, ジョーンズ (2012)『アメリカが劣化して本当の理由』新潮新書
3　公的統計をもとに書かれたものに、社会保障研究所編 (1989)『アメリカの社会保障』東京大学出版会がある
4　秋元　樹 (1992)『アメリカ労働運動の新潮流』日本経済評論社
5　橋本健二 (2018)『新・日本の階級社会』講談社現代新書

—— 日本労働社会学会年報第31号〔2020年〕——

浅倉むつ子・萩原久美子・神尾真知子・
井上久美枝・連合総合生活開発研究所編著

『労働運動を切り拓く——女性たちによる闘いの軌跡——』

（旬報社、2018年、四六判、426頁、定価1,800円＋税）

伊藤　大一
（大阪経済大学）

　1965年前後に、女性労働を巡る画期的な労働者勝利判決が相次いだ。具体的には、結婚や出産を機に女性のみ退職を制度化していた事案（住友セメント事件、三井造船事件）などである。この背景には、差別されようとも「泣き寝入りせずに、権利を主張した」女性労働者がいるとともに、その女性労働者達を支えた「労働組合」があった、という「美しい物語」であるならばよかった。

　しかし、現実には本書の冒頭で述べられているように、女性労働者は「二つの敵対者」をもっている、と言われている。敵の一つは「夫人の待遇や地位に理解を欠いている雇主」であり、もう一つは、男女の平等を望まない「男子組合員または役員」（p.17）である、と指摘している。本書は、「二つの敵対者」を抱える女性労働組合活動家12名の「語り」から「なぜ、日本では雇用における男女平等がこれほどに遅れているのか」、「労働組合運動の低迷を打破する教訓」（p.18）を明らかにすることを目的にしている。なお、本書の目次は以下のようになっている。

第1章
　労働組合運動と女性の要求　朝倉むつ子（大学教員）
第2章
　高度成長期からオイルショックへ　萩原久美子（大学教員）
　生きることと地続きの労働運動とともに　多田とよ子（元ゼンセン同盟婦人
　　　　　　　　　　　　　　　　　　　　　　　　　　　局長）
　交渉の主体になる、運動を編み上げる　松元惟子（元連合副事務局長）

労働運動のプロとして生きる　高島順子（元連合総合女性局長）

均等法制定の経過とこれからの課題　山野和子（フォーラム「女性と労働21」代表）

第3章

男女雇用平等に立ちはだかった「保護と平等論」　神尾真知子（大学教員）

第4章

経済大国ニッポンと労働運動再編の時代　萩原久美子（大学教員）

協約の積み上げが開く男女雇用平等　坂本チエ子（元全電通中央執行委員）

調査で対抗する、運動をつくる　伍賀偕子（元総評オルグ）

深夜業解禁、郵政職場の男女平等に挑む　長谷川裕子（元全逓中央執行委員）

製造業現場・その女性労働の原点から　熊﨑清子（元連合副事務局長）

第5章

過去の運動を次の世代へ　井上久美枝（連合総合男女・雇用平等局総合局長）

第6章

ポスト均等法の労働世界と運動の広がり　萩原久美子（大学教員）

均等法を信じた　城間佐智子（沖縄バス35歳定年制訴訟原告）

私達が求めた男女雇用平等法　高木澄子（行動する女達の会）

労働組合は差別と闘う　柚木康子（全石油昭和シェル労組）

誰をも犠牲にしない平等を　鴨桃代（全国ユニオン元会長）

　均等法施行までの経緯を簡単に振り返っておく。この点については、本書第3章「男女雇用平等に立ちはだかった「保護と平等論」」に詳しい。労働省は1984年4月に、婦人少年問題審議会に対して、法律案要綱を示した。この要綱は労働者側にとって受け入れがたいものであったが、労働者側は「苦渋の決断」として、審議会に参加した。その結果、審議会は開催され、労働者委員の反対を踏まえ、答申がだされた。本書第2章に労働者委員であった山野和子の講演録が収められている。このとき、労働者委員であった山野が、仮に審議会をボイコットしていたならば、審議会は開催されず、均等法の成立を阻止できたであろう、と山野自身振りかえっている。

　審議会の答申を踏まえ、日本政府は1984年5月に、均等法を国会審議に付し、1985年5月に均等法は成立した。そして、同年7月日本政府は、女子差別撤廃条約の加盟国となった。このような経緯で生み出された均等法であるが、この法律の成立に労働者委員として関わった山野でさえ「苦渋の決断」と述べているように、この法律の評価は本書に収められた女性活動家の中でも様々である。

　第6章に収められている高木澄子は、均等法に明確に反対している。なぜ、均等法に対する評価は、女性活動家の間でも、これほど揺れ動くのか。むしろ、この評価の「揺らぎ」を率直に記録していることこそ、本書の価値が示されていると評者は考えている。

　まず、そのまえに、均等法の何が問題だったのかについて議論したい。評価の揺らぎの中心軸は、「保護と平等論」であった。この「保護と平等論」の問題は、第3章「男女雇用平等に立ちはだかった「保護と平等論」」（神尾真知子）に詳しい。簡単に述べると、次のようになる。均等法制定過程における「保護と平等論」は労働基準法に定められている女性保護規定を廃止しようとした。わかりやすく述べると「雇用関係において、男女平等を要求するなら、女性にだけ認められた「特権」を廃止し、男性と同じ条件で働くべきである」といえよう。この論調は、使用者の積極的な喧伝により、マスコミや男性労働者の支持を得て、世論を形成していった。

　しかし、均等法制定時の女性労働者達が考えたことは、次のような点である。「子どもを保育園に迎えに行き、買い物をして、夕飯の準備をするのは、圧倒的に女性労働者である。「男女雇用平等を求めるなら、男性と同じように女性も残業もするべきだ」というのであれば、男性労働者は、私達の代わりに子どもを迎えに行き、夕飯の準備をしてくるのだろうか。決してそんなことはなく、女性に家庭責任を一方的に押しつけているのではないか。恒常的な残業を求められるならば、家庭責任との兼ね合いで、これ以上仕事を続けることができなくなる」。このような女性労働者の「声」に支えられ、また背を押され、女性労働組合活動家達は均等法に対峙したのであった。

　山野をはじめとする女性活動家達が「目標とした均等法」は、雇用面における男女平等を罰則規定によって実現し、男女共通の労働時間規制を設ける、もので

あった。もちろん使用者は、このような「均等法」を決して認めないであろう。このような労使間対立を「調停」し、「男女雇用平等の国内法」を成立させ、国連の女子差別撤廃条約に加盟する「ミッション」をこなすために、労働省の官僚によって、つくられた法律が均等法であった。この均等法の作成過程については、濱口（2015）や、均等法制定時の担当局長であった赤松（2003）に詳しい。

　提案された均等法案は、女性労働者達の期待したものではなかった。その内容は、募集・採用・昇進・配置については事業主の努力義務、時間外労働規制や深夜業規制は一部緩和であった。労働者側は、「実体のない均等法を受け入れ、女子差別撤廃条約に加盟するか」、それとも「均等法を拒否し、差別撤廃条約の加盟もあきらめるか」の二者択一を迫られた。

　結論から述べると、労働者側は努力義務の均等法を受け入れ、女子差別撤廃条約に加盟することを選んだ。その後、均等法は1999年に努力義務から差別禁止が明文化され、その一方で深夜業の規制や危険有害業務など女子保護規定を撤廃していった。

　この「苦渋の決断」として均等法を受け入れた労働者側の決断を、どのように評価するのかが大きな問題となる。本書に収められている12名の女性労働運動活動家達の「語り」はこの点に対して一様に「苦渋と評価への揺らぎ」を示している。本書の魅力は、まさにこの「苦渋と評価への揺らぎ」を率直に記録している点にある。

　しばしば、研究者・学者は立法過程について、議会における議席分布や政治情勢などから分析し評価を試みる。アカデミックなアプローチでは、こちらの方が「常道」であり、「科学的」とされる。しかし、労使関係論において、労働者と使用者はそれぞれ「主体」であり、労働力の売買を巡る「当事者」である。この「当事者」の「声」を立法過程に反映させる仕組みとして「三者構成原則」がある。この三者構成原則を通して、労働者の多様な「声」は、立法過程に反映されることになる。労使関係論、三者構成原則の視点から見ると、当事者たる女性労働者の「声」を軽視することは許されない。まして当事者達の「声」を立法過程における「ノイズ」と見なすような議論は決して許容されない。

　均等法成立後、労働者側が望んだ男女共通の労働時間規制は、2018年成立し

た働き方改革関連法まで待たなくてはならなかった。均等法が成立した1985年に労働者派遣法も成立した。均等法の対象とした女性労働者は「正社員」であった。その後、1990年代から2000年代について広がったのは、派遣社員を含む多様な「非正社員」であり、「ワーキング・プア」の拡大であった。

このような現状に変化をもたらし、雇用労働に対するセイフティ・ネットを再構築するための原動力をどこに見いだしたらいいのであろうか。研究者による、「科学的な論考」がその原動力になるだろうか。政府・官僚による、ワーキング・プア救済政策の立案に期待するべきなのだろうか。

本田（2019）は、1954年に発生した近江絹糸人権争議を扱った書籍であり、豊富な写真を収めている点に特徴を持つ。その写真には、中卒で就職した若き女工達が、全繊同盟（現：UAゼンセン）に加盟し、労働運動に立ち上がる生き生きとした表情を捉えている。例え立法過程において、労働者の要求が結実しなくとも、労働組合を結成し、団体交渉を通して、労働者の要求を職場の中に反映させていく、このプロセスが産業民主主義の再興にとって不可欠であろう。

この書評では触れることができなかったが、本書に収められた柚木をはじめとする女性活動家達の団体交渉をはじめとする多様な職場活動を見られることも、本書の大きな魅力である。本書は、その多様な「女性労働者自身の要求」、「活動」をありのまま現在の私達に提供してくれ、同時に労働組合運動再生のためのヒントを提供してくれる良書である。ぜひ、多くの研究者、大学院生・学生、労働運動活動家に読んでもらいたく、書評とした。

〔参考文献〕

赤松良子（2003）『均等法をつくる』勁草書房
濱口桂一郎（2015）『働く女子の運命』文春新書
本田一成（2019）『近江絹糸人権争議』新評論

呉学殊著
『企業組織再編の実像──労使関係の最前線──**』**
（労働政策研究・研修機構、2019年、A5判、324頁、定価3,500円＋税）

白井　邦彦
（青山学院大学）

1．本書の構成と内容

　本書は、「企業組織再編は日本企業の強みである『信頼に基づく良好な労使関係』が試され、またそれが確認・強化される局面でもあるので、企業組織再編において日本の労使関係を最も生々しく知ることができる」(本書ⅰ～ⅱページ参照、以下ページ数は本書のもの) という筆者の問題意識に基づき、分割・合併・譲渡といった企業組織再編を行った企業の企業組織再編のプロセスとその際の労使の対応・労使関係の展開などについて、具体的なヒアリング調査に即してその実態を明らかにし、その結果から企業組織再編に関する今後の必要な政策提案を行ったものであり、本論3部と補論から構成されている（補論は既発表の論文であり、本書評は本論のみを対象とする）。本書のもととなった調査は、第1部によれば、厚生労働省の「組織の変動に伴う労働関係に関する対応方策検討会」(2017年)に資するために行われたものであり、全部で22ケース、調査期間は2015年10月から2016年4月までで、調査対象は当該企業とその労働組合、またはそのどちらか、であった（全調査対象先に関してはp.11、図表1-2-1に掲載されている）。本書では第2部においてそのうち下記のように「分割」を主とした7事例をとりあげヒアリング調査結果の紹介分析を行い、第3部でその結果に基づき企業組織再編に関する政策的インプリケーションを行っている。

　そのうち本書の中心をなす7事例の内容について簡単に紹介すると以下のとおりである。

　A社の事例は、同社の制御事業の国内販売を担当するソリューション・サービス営業統括本部の事業を分割して同社の100％子会社二社と統合して、2013年4

月にAC社を設立した、というケースである（p.17参照）。分割時「移籍先の子会社において万が一雇用の確保が困難となった場合、親会社であるA社はA社労組と協議する」（p24）という組合要求を会社は受け入れたが、15年にAC社は希望退職を実施、組合は「理解はするが同意はしない、あくまでも本人の自由意志に基づくものであるべき」という釘を刺した（p.25の注27参照）。

　B社の事例は、JS社の子会社JI社のS工場をB社に2012年12月21日に譲渡したケースである。譲渡に伴いJS社は譲渡後三年間譲渡先において転籍者の雇用と処遇を守るローディング補償を行う契約を締結した、とみられる。しかし譲渡によりすべての面で処遇が下がり大幅賃金減となった労働者もいた。また譲渡直後から遠距離転勤命令がなされ、それにより多くの組合員が退職を余儀なくされ（ただしこの遠距離転勤に対しては組合が問題提起して、その結果なくなった）、さらには17年にS工場は閉鎖されることになった。

　C社の事例は、同社のA事業を分割し複数社との事業統合、B事業を分割し別法人に譲渡、C事業を分割して複数会社による新会社の設立、の2011年から14年にかけて生じたケースからなる。同社には数千人規模の組合と数十人規模の組合が併存していた。同社は再編後の雇用の安定を大原則としており、分割に伴い雇用問題が発生した例は存在しない。再編後再編先企業の業績は好調で成長可能性が高い。

　D社の事例は、D社とDH社が両社の火力発電分野を分割・統合して、DHパワーシステムズという新会社を2014年2月に設立した事例である。D社では、労使協議の場で会社が組合に対して「万が一新会社（DHパワーシステムズ）がだめになったときは企業グループとして雇用はきちんと守る」と公式に回答し、それは議事録として文書化された（p.86、185、参照）。なお同社には労使対抗的な労働組合がかつて存在し、現労組は60年代にそれに反対する形で立ち上げたもの、と推測される（p.80、注93参照）。

　E社の事例は製造4工場を同社子会社である既存のグループ製造会社へ分割した、というケースであり、2012年11月2日になされた。この分割を機に「分社化に関する労働協約（労使確認書）」が締結され、そこには、分社化実施会社は「承継（転籍）対象者に対して、将来に亘り企業グループで雇用の確保の義務及び責

任を有していることを確認する」といった文言が入っており、同分割に関しても「製造会社の分社化における協定書」が締結され、同様の協定がなされている。さらに、「承継会社における人事処遇制度の統一時には、承継された労働者の処遇水準を個人ベースで担保する」ことも約された（p.116）。ちなみに同労組は68年に第一組合から分裂してできた第二組合であり、調査時点（16年3月時点）でも、第一組合は十数名の規模ながら存続していた。

　F社の事例は、同社のFA事業部門を分割し、FM社が実質的に保有するホールデング会社に譲渡、そしてそのホールデング会社の事業会社として新設されるFN社が同事業を承継する、というケースで、新承継会社のスタートは15年4月であった。F社は分割・売却益で巨額の有利子負債を返却し、また分割対象部門従業員は分割時にF社企業グループレベルでなされていた希望退職募集対象から外された。

　G社の事例は、2003年4月、GH社とGM社の半導体部門が分割統合されて旧G社となったケースと、2010年4月、GN社の半導体子会社と旧G社が統合して現行G社となったケースからなる。2003年分割時にはGH社は「今回の分割・統合を機とした大幅な人員削減は実施しないが、重複事業の排除、人的効率を図りながら継続的なスリム化を行う予定である」（p.146参照）との、また2010年の統合時には旧G社は組合の「事業統合を機とした人員削減がないことを確認したい」との発言に対して「まずは迅速に統合を進めること。その統合の中で最適な人員配置を進めることを目指す」との回答を、組合にしている（p.155参照）。そして分割後2009年に一回、統合後は6回の早期退職優遇制度による退職募集が行われ、統合後の早期退職優遇制度で統合時の46,630名の従業員のうち14,031名もが退職している（p.160参照）。ちなみに早期退職優遇制度については組合も協定を締結し容認している。さらに労働条件も分割、統合後ボーナス・基本給・各種手当の引き下げも行われた。

　以上が本書の中心をなす7つの事例の概要である。

2. 大きな意義を有する本書に対する3点の要望・疑問点

今日の労使関係研究において、企業組織再編に焦点を絞り、その際の労使関係、

とりわけ労働組合がどのような対応を行ったか、について具体的なヒアリング調査を行った本書が、そうした実態調査がそもそも大変困難であること、それにもかかわらずきわめて具体的・立体的に実態を明らかにしていること、は、上記の簡単な内容紹介からみても明らかであろう。それゆえ本書が今日の労使関係の実態調査研究においてきわめて大きな意義を有することは改めて強調するまでもないことである。その点を強調したうえであえて本書に対する要望と疑問点として以下の3点を述べたいと思う。

　第1は、企業組織再編後、希望退職募集など人員削減措置がとられたケースに関してなかでも特にG社の事例について、「なぜ再編時労組は強く雇用保障措置を求めなかったのか、またその後の人員削減措置をなぜ容認したのか」をより深く調査してほしかった、という点である。企業組織再編に直面した労働者にとっては「雇用・労働条件・仕事内容などに関して不利益が生ずるのではないか」、特に雇用に関しては生活の糧となるものなので、「今後も雇用は果たして守られるか？」は大きな不安と関心事項である。もちろん再編後の状況に関しては再編計画時にははっきりわからないわけだが、「労働契約承継法により現状の雇用労働条件が承継される」というだけでは、その後については保障がないに等しい。そして7事例のうち、A、B、G社の3事例では実際に再編後、希望退職・早期退職（A社・G社）なり、事実上の退職促進措置（B社）がなされている。特にG社について分割・統合後、前記のように合計7回もの早期対象優遇制度による大幅な人員削減がなされたわけだが、前述のような2003年分割時や2010年統合時会社側の組合に対する回答は明らかにその後の人員削減措置の実施を示唆するものであり、労組サイドとしても再編時にその後の人員削減措置がなされることは予想しえたはずである。そうした状態にあったにかかわらずなぜ労組は再編時に強く雇用保障措置を求めなかったのだろうか。また7回にもわたる早期退職優遇制度の導入にあたっても「強制はしない」ということで、同制度についてすべて労組として協定を締結し容認している（ちなみにA社のケースでは、上述のように労組は「強制はしないとくぎをさすと同時に理解はするが認めしない」というスタンスをとり、B社のケースでは労組が問題提起をして退職促進となった遠距離転勤をなくしていた）。そこから「特にG社のケースでは労組は雇用保障とい

う組合員が最も関心を持つ点に関してその後の人員削減措置の実施が明確に予想されたのになぜ再編時にはっきりした規制を加えなかったのか、またその後の早期退職制度などいわゆる希望退職募集に関しても労組もそれを認めてしまったら『強制はしない』とすることの実効性は事実上担保されない可能性があるのになぜ認めたのか」という大きな疑問が生ずる。その点に関してより突っ込んだ調査分析がなされるべきであったのではないだろうか。もちろん雇用に関しては企業の置かれた経営環境に大きく依存するのであるから、雇用保障措置に関しては企業組織再編に直面した企業の「労働組合の対応」だけでは難しいのも事実である。よって政策的にはヒアリング対象者の労使（AC社組合幹部やC社会社側）や筆者も主張しているような「再編後一定期間の雇用削減規制措置」などの法的規制が必要である。しかし「組織再編時に雇用維持についてなぜ組合は強く求めず、その後の希望退職募集なども容認していったのか」という点について特にG社のケースについて、その背景やその時々の労使間や労組内でのやりとり、労組内で議論などについてより深く考察すべきであったのではないか、とやはり考えざるをえない。

　第2は「いわゆる第一組合などの少数派労組に対する調査」も行ってほしかった、という点である。再編時に複数組合が併存しているのが明らかなのは、C社・E社のケースであるが、多数派労組のみを調査対象としている。両社のうち組合分裂を経て調査対象がいわゆる「第二組合」であることが明らかなのはE社のケースであるが、そのほかD社についてもp.80の注93の叙述より、調査対象はいわゆる「第二組合」でないかと推測される。そして七つの事例のうち再編時に「雇用保障」をはっきり労働組合に約しているのは、D、E両社のみである。さらにC社については、会社として再編後の雇用安定を大原則としている。C社は「再編先企業の業績が好調」、D社は「メジャー出資」、E社は「企業グループ内での企業再編」という要因があると思われるが、しかしきわめて少数であれ「第一組合などの少数派労組の存在（ないしかって存在していたこと）」が、労使双方に一定の緊張感を生み出し、雇用や労働条件の維持に関して慎重に対応せざるを得ない、そして何よりも労働組合が、雇用削減・労働条件の悪化を避けることにより強く力を削がざるをえない、という点も無視できないのではないだろう

か（この点は筆者も p.127 の注 13 の中で示唆している）。それゆえ「第一組合などの少数派労組」からもヒアリング調査を行い、「第一組合ないし少数派労組の側は企業組織再編をどのようにとらえ、どのような要求をし、どのような発言・行動していたのか」も実態把握すべきではなかったか？と考える。この点は第一の点について別の側面から明らかにすることにもつながるのではないだろうか？

　そして最後の第3点目は、最も重要かつ本質的なものとして、「信頼に基づく良好な労使関係」をどのようなものとしてとらえるか？ということである。筆者はそれを「当該企業に企業別労働組合があり、同組合が過半数組合であること、また、労働協約や労働協定が

　結ばれており、共通の情報のもとで相手の発言や立場を尊重する慣行があること」（p.193～194）としている。しかし、労働組合とは「労働者が主体となって自主的に労働条件の維持改善、その他労働者の経済的地位の向上を図ることを主として組織された団体又は連合体」（労働組合法2条）であるのだから、「労働組合は労働者の雇用維持その他労働条件維持改善に関する要望をどれだけきちんと吸い上げているか、そしてそうした労働者の意見に基づき、経営者から独立した自主的な立場で、雇用維持・労働条件の改善をどの程度実際に実現しているか」という内実こそが、「信頼に基づく良好な労使関係」という場合第一に問われるべきことと評者は考える。そこから筆者の把握の仕方は企業と労組との間の「信頼に基づく良好な関係」にやや力点をおきすぎていないか、「労使関係を生々しく知る」ためにはそうした点にも視点を向ける必要があったのではないか、疑問を感じた次第である。

　もちろんここで指摘した3点の要望・疑問点は「大きな意義を持つ本書に対して評者の観点からあえて問題点を指摘するとすれば」というからのものに過ぎない。それゆえ企業組織再編という大きな問題に直面した労使の対応、とりわけ労働組合の対応を組合役員の本音も含め、その実態を具体的・立体的に明らかにした本書の意義は強調してもしすぎることはない、と改めて述べておきたい。

—— 日本労働社会学会年報第31号〔2020年〕——

木本喜美子編著

『家族・地域のなかの女性と労働
——共働き労働文化のもとで——』
(明石書店、2018年、A5判、288頁、定価3,800円＋税)

宮本　みち子
(放送大学)

はじめに

　本書は、福井県勝山市において織物業に従事してきた女性、とりわけ結婚後も継続的に就労してきた女性のインタビューデータを中心に、高度成長期をはさむ時期に働いてきた女性の労働と生活を複数の角度から浮き彫りにして、専業主婦が増加する時代に「共働き労働文化」があった地域の女性労働の実態を探っている。研究は、第二次世界大戦後の女性労働史の再構成をめざす実証研究と位置付けられている。そこには、近代家族論が地域性と社会階層性を軽視してきたために、女性労働の多様な実態を捨象してきたのではないかという批判がある。本書が対象とする地域では、高度成長期に「共働き労働文化」が存在し、地域社会における慣行や規範、生き方を示唆するローカルな文化が、女性の働き続けることを当然としてきたという。各章は異なる角度からこの地で働き続ける女性とその背後にある企業や地域社会に迫り、その集合によって重層的で説得力のある力作となっている。

1．各章の概要

　各章の概要はつぎの通りである。

　第1章「織物産地の労働市場と女性たちの働き方・生き方」(中澤高志)では、勝山産地において織物業に従事してきた女性労働者の働き方と生き方に見られる地域性に焦点を当てる。織物業に関する従来の研究では、縦の系列にあたる歴史的発展段階が重視され、横の系列に当たる労働市場の社会的調整のもつ地域性自体はその陰に隠されてきた。そうした問題意識に立脚し、労働市場の地理的多様

性が、女性の働き方や生き方と密接不可分に関わっていることを明らかにしている。しかも、女性の働き方・生き方は、地域経済との関係のみならず、家族やそれを取り巻く地域社会といった、資本主義が包摂しえないものとの関係を含みこんだうえで理解すべきものという視点を提起している。

　第2章「大規模機業場における生産・労務管理の近代化」（勝俣達也）では、大規模機業場において高度成長期前半に進められた生産管理・労務管理の近代化のプロセスが検討される。本書の事例に限らず、織物業の特に織布工程においては、戦前からしばしば出来高給にもとづく管理が行われていた。そのような現場管理のあり方が、戦後の経営環境の変化によって、生産管理や賃金制度の変化をともないながらどのように変化していったのかを明らかにし、出来高給のもとで、「職工」として働くことを積極的に意味づけようとする女性たちの意識のあり方が、共働きを当然とする地域の規範に後押しされつつ生き続けたという。このような女性たちの労働意識が、生産・労務管理の近代化を経てどのように変化したのかについても分析している。

　第3章「女性の継続就労と家族」（木本喜美子）は、未婚時および結婚を経た後の彼女たちの就労と家族との関係を探っている。その際とりわけ女性が働きに出ることを誰が決め、稼得する賃金の帰属をめぐる決定権を誰が握っていたのかに着目して世代間関係の作用を捉えるとともに、地域社会内部の慣行と規範が、彼女たちの継続的就労に与えた影響にも迫ろうとしている。決定権の所在にフォーカスすることを通じて、世代間関係の作用を捉えるとともに、地域社会内部の慣行と規範が、彼女たちの継続就労に与えた影響にも分析の射程を伸ばしている。以上を通じて、製造業の既婚女性が自己の労働にいかなる意味づけをしながら日々立ち向かっていたのかを考察し、女性が働く意味を考える糸口を探っている。

　第4章「織物産地における託児所の変遷と女性労働者」（野依智子）は、戦前期と戦後期を通じて既婚女性が継続就労してきた地域特性に着目し、織物業に従事してきた女性労働者の保育と家計の中での稼得役割を考察する。高度成長期は主婦化の時代とされてきたが、ここでの様相は異なっていた。共稼ぎで働き続けた女性たちの保育をめぐる町政と機業、労働者家族の3者が織りなす関係史を、戦前期から戦後期に至る託児所設置に関わる文書およびインタビューを用いて分析

している。高度成長期に入り女性労働者自らが託児所設置運動を展開し、働き続けることを主体的に示したにもかかわらず、請負制から時給制への移行は家計における女性役割を縮小した。そのことが女性たちの組合活動への積極的参入、つまり労働者としての自己認識をもたらしたという。

第5章「全繊同盟加盟組合にみる女性労働運動の展開」（早川紀代）では、女性労働者と労働組合の関係について考察している。一般に労働組合の運動は女性労働者の要求を反映してこなかった、組合執行部に女性はほとんど存在しないと指摘されてきた。労働者の大半が女性である繊維産業の実情はどうであったかを、当該地域のある大手機業を取り上げて検証する。賃金の大幅な男女格差が存在する労働環境、労働条件の中で、既婚者が多い女性労働者は、1960年代末から組合運動の中枢に入り、自分たちの熟練度（腕）に見合う賃金制度や働き続ける条件を要求するようになった。こうした過程を詳細に描き、その背後にある諸条件を探っている。

第6章「農業を基盤とする零細家族経営機業」（千葉悦子）では、「農家機屋」と女性労働との関連を検討している。戦後、福井県では人絹ブームの再来によって、農家機屋が急速に広がるが、やがては淘汰されていった。ところが、勝山市内の北郷地区では零細な農家機屋が生き延びており、そこでは「家」の稼ぎ手として女性が決定的役割を果たした。機業場開設や継承は彼女たちの主体的選択的行為ではなかったが、働くのは当然だとし、専業主婦を望むものはひとりもいなかったという。女性たちはいかにして家業労働を担い、自らの労働を意味づけ、家族内の葛藤を乗り越えようとしたのかを詳細に論じている。

補論「戦前期における繊維女性労働の多様な展開と勝山機業の位置づけについて」（勝俣達也）では、序章の一部で展開した戦前期の繊維産業に関する研究を改めて取り上げ、特に「家」あるいは家業と、そこから供給される女性の雇用労働力の多様な関係のあり方が、どのように捉えられてきたのかを整理し検討している。その文脈から、本書の事例の特徴を、日本の繊維女性労働者の歴史にどのように位置づけることができるのかについて補説している。

2．本書が意図したこと

　最後の章で編者の木本喜美子は、女性労働史としての本書の意義を明らかにしている。木本等がこの研究にかけた意図は明解である。いわゆる近代家族論が家族研究に与えたインパクトは大きいが、それは戦後日本の歴史的コンテクストに即していまだ十分に検証されてはいないという批判的立場に立っている。とくに、社会階層的な差異や地域差という視点が近代家族論には欠けているという見地から、女性労働史を再編成する必要があると提起するのである。

　日本で近代家族モデルが受容され現実化する過程では、企業規模間の格差を軸とする階層差が関わっていた。大企業においてはじめて近代家族が出現する条件が整ったのである。決定的に異なる原理に立つのは、雇用者と自営業者の差異であった。しかし近代家族論はこのような自営業者の実態を軽視してきたという。これらのことと密接に結びついているのは、本書で明らかにしたように、専業主婦の対極に雇用労働に従事して働き続けてきた女性たちがいたことで、近代家族論はそれを軽視し続けてきたという。本書は、近代家族論の欠陥を是正するためにも、都市の大企業雇用者層を中心に専業主婦が主流になっていく時代に、雇用労働を続けた女性たちの継続的就労を支えた基盤は何だったのか、また職場と家族と地域がどのように関わり合っていたのかを明らかにしようとしたのである。

　福井県勝山市の織物工業の世界では、結婚後も女性が働くことは当然とする社会規範があった。それは近代家族論が想定した専業主婦が増加する時代にあっても変化することはなかった。それを本書では「共稼ぎ労働文化」と呼んでいる。彼女たちにとって近代家族モデルは「外在的なもの」で、専業主婦になるという選択肢はまったくなかったという。この地域で、女性の就労が盛んであったのは、地域労働市場における既婚女性労働者に対する労働力需要が戦前から根強くあったことが大きい。それを支える社会規範と地域環境が社会基盤として蓄積され、共働き労働文化が定着したという。

　働き続ける女性が正当に評価されたわけではなかったにもかかわらず、そこには複雑な評価装置があった。そのことに関する記述も興味深い。職場においては男女の賃金差は大きく、三世代同居の家族においては「嫁」として家計の裁量権もなかった。それでも働いて稼いでいることに対する潜在的評価装置があった。

戦前期に始まり戦後期にもしばらく残存した出来高給は、腕のいい女性によい稼ぎをもたらす条件を与えたことから、自らの稼ぎのために生産性を上げることに邁進した既婚女性の姿があったという。そのことで職場での承認を得ることは、賃金高として家族にフィードバックされて「稼げる嫁」として親世代から承認をうけることになり、それをせめてもの心の支えとしていた。家族における従属的世代間関係が、職場での働きへとはねかえっていく姿を見いだすことができるとの分析は的確である。彼女たちは、将来の家計管理権を獲得できる時をうかがいながら日々の労働にチャレンジしていた。そしてその日が訪れるや、家計を掌握して生活目標の実現に向かって邁進していったのである。

3．女性労働研究としての本書の意義

　本書から、高度成長期に近代家族モデルの影響を受けにくかった地域、あるいはこれとは無縁の地域がたしかに存在していたことを知ることができる。より正確に言えば、地域差というよりも、教育年限が長くない女性たちでしかも大都市圏ではなく地方圏の場合、と表現した方が妥当かもしれないと編者はまとめる。いずれにせよ、彼女たちは近代家族モデルをよきものとして受容することができるような生活基盤を有していなかったのである。

　本書は、地域研究と階層研究を融合させたすぐれた女性労働史である。しかも近代家族論に対する批判的再構築をめざす挑戦的な研究として評価に値する研究書である。鮮明な問題意識にもとづく周到な共同調査をもとにした近代家族論への批判は、冷静な語り口ではあるが内容的には手厳しい。木本は次のように締めくくっている。「近代家族モデルの影響力と働く女性の現実に関わる議論が、地域性をくぐり抜けることなく、全国一律として、あるいは県単位で語られる場合が少なくない。労働と生活の現実的基盤から女性の働き方や生き方を探ろうとする方法論とスタンスに立っての、地域の実相を深く掘り下げる研究の積み重ねによって、〈女性たちはどこでどのように働いてきたのか〉を明らかにすることが今後に求められていると言えるだろう」。本書の意義を十二分に表現しているものといえるだろう。

────── 日本労働社会学会年報第31号〔2020年〕─

本田一成著

『オルグ！オルグ！オルグ！

──労働組合はいかにしてつくられたか──』

（新評論、2018年、四六判、362頁、定価2,800円＋税）

呉　学殊

（労働政策研究・研修機構）

　日本では、労働組合の組織率がほぼ毎年下がり、2019年は16.7％となった。労働組合にカバーされていない労働者がますます増えているのである。こうした中、労働組合のナショナルセンターは、組織化・組織拡大に向けて動き出している。例えば、連合は、2020年に1000万人連合の目標を達成するために、組織化体制の強化、オルガナイザーの養成等、積極的な取り組みをしている最中である。そういう中で、日本の組合組織化をリードしているUAゼンセンの組織化歴史・オルガナイザーの活動等を明らかにした本書はまさに時宜にあう意義深いものである、と評価しその内容に入ってみたいと思う。

1．本書の狙いと研究方法

　チェーンストアの労働研究が乏しい時代に、「チェーンストア以外のことはやりません」と宣言した著者が、チェーンストア組織化について執筆したのが本書である。「チェーンストアのオルグ版」といってよいものである。著者は、企業業績に大きく影響すると言われる組織能力を担う主体の1つが労働組合であり、チェーンストアにおける労働組合の組織化過程について、オルガナイザー（オルグ）に対するインタビュー調査を用いて、明らかにすることを目指している。オルグは、「労働組合の結成を通じて、また結成後のさまざまな方面における活動を通じて、組合員、労働者、社会のことをより良く改めていくだけの気概をもっている人々」と定義されている。

　著者は、本の末尾に「働く者にとって労働組合がいかに大切なのかを理解して、これからしっかりと労働運動に取り組む気持ちになってもらえるのなら」といい、

労働運動へのエールを送ることを狙いとしている。そういう意味で主な読者は労働運動の実践家であるといってよいだろう。そのこともあって、講義形式を用いた「ですます調」の文体となっている。実際は、本の基になっているのは、日本の最大産別組織であるUAゼンセンの流通部門教宣・研修資料集に掲載されていた内容である。

　研究方法は、前記の通り、インタビュー調査である。内容の面白さと深さを優先するために、記録を残すことを目的とするオーラルヒストリーという方法よりもインタビュー調査を用いている。それによって、チェーンストア産業の組織化歴史を「目の前に私がいる」と感じられるように書き綴られている。もちろん、内容は、インタビュー調査ノートだけではなく、考えられないほどの資料等を踏まえてのものであり、チェーンストア研究の第一人者だからこそ書けたものといえそう。

2．本書の主要内容

　いくつかの視点から本書の主要内容をみてみたい。

　第1に、流通産別構想の実現史である。ゼンセン（時代により、1946年「全繊同盟」、1974年「ゼンセン同盟」、2002年「UIゼンセン同盟」、2012年「UAゼンセン」と名称が変わるが、現在につながる一連の産別組織を通称）に流通部会が結成された1970年の前と後である。前史では、成長している流通産業に産別組織を作ろうとする「流通産別構想」が練られるものの実現しない苦闘の中で、同産業の組織化がどう展開されているかを記している。流通産業で多くの労働組合が結成されて、流通産別構想を推進する次のような主体が次々と誕生する。1966年多くの産業を網羅する「一般同盟」、1969年百貨店部門の「商業労連」、1966年スーパー部門の「全国チェーン労協」がそうであるが、構想の実現にはいたらなかった。ゼンセンが1960年代末にチェーンストア労働者の組織化と産別化を開始していくが、「アンチゼンセン」の動きもあり、産別構想の実現を果たすことはできなかった。それぞれの流通産別構想は幻に終わったのである。後史では、ゼンセンが、5つの労組で流通部会を結成し本腰を入れてチェーンストア組織化に乗り出していく過程が記されている。組織化の第1号がイトーヨーカ

堂労組である。1977年は全ダイエー労組がゼンセンに移籍し流通部会に加わった。1983年は、ゼンセンの本部、部会、県支部による統制を緩和する形で、SSUA（専門店ユニオン連合会）を発足させた。さらに、大手の外食業種企業を組織化し、1990年フード・サービス部会を結成することになった。その後、ゼンセン組織内外の組織統合を経て2012年UAゼンセンが誕生するが、そのとき、流通部門にGMS部会、食品関連部会、住生活関連部会、百貨店部会、専門店部会、ドラッグストア部会の6部会を納めて、悲願となっていた流通産別構想が約半世紀かかって達成されたのである。

　第2に、ゼンセン三大オルグの組織化方式についてである。著者のいうゼンセン三大オルグとは佐藤文男、三ツ木宣武、二宮誠である。前者の2人についてみることにする。佐藤は、1925年生まれで戦争体験とシベリアの抑留経験からの熱意で組織化に身を捧げたオルグである。佐藤は、勤め先の東洋紡富田工場で、労組の賃上げ要求の集会場所で、普段は上司の指示にいいなりになっていた若い女性労働者たちが意見や要望を述べる姿勢に衝撃を受けて、「組合は素晴らしい力を持っていると見抜き」、「労働組合には身を捧げて働く価値がある」と決意した。1954年、退社し全繊同盟静岡県支部の常任となりオルグというプロになった。佐藤は、さっそく地元で劣悪な就労環境で働く中小工場労働者の組織化に乗り出した。しかし、組織化の過程で、組織化のリーダー格の人が退職に追い込まれる等の不利益取扱や経営者の組合結成反対という問題に直面する中で、生み出された組織化手法が「佐藤方式」である。佐藤方式とは、組織化対象産業の経営者団体等との懇談会をもち、組合の役割、組合づくりの態度や姿勢、生産性の重視等を熱心に説明し組合を避けるのではなく協力関係の形成を主張し、同産業の多くの企業の労働者を対象に一気に組織化を成し遂げる方式であり、「集団組織化」あるいは「上からの組織化」とも言われる。佐藤は、佐藤方式により数え切れないほどの労働者を組織化し、ゼンセン本部の組織部長となってゼンセンをチェーンストア労働者の組織化へと舵を切った張本人であった。

　三ツ木宣武は、1939年生まれで転勤先の職場で「こんな暗い職場じゃだめだよな」、「みんなが楽しく働くために労組を結成しよう」と決意し、実際結成した。全繊同盟大阪府支部長の山田精吾にオルグとして「一生の仕事にしてみないか」

と声を掛けられて、1970年に全繊同盟に入った。三ツ木は、1975年婦人服専門店である「玉屋」の組織化を遂げてから多くのチェーン専門店を組織化していったのである。三ツ木は、組織対象の企業に人望を集める責任感の強い有数のリーダーを集め、また彼らの有志を増やして組合結成大会を開き、その後、整然とした集団行動をとり、一気に加入届をとる。その際、県支部など各方面と十分に連携をとって一斉に組織化を行う方式をきわめた。対象企業に対しては、「本日、ゼンセン同盟加盟の労働組合が全店で組合加入署名活動をしますので、不当労働行為のないように願います」ということを通告する。多くのチェーン専門店を有している企業を組織化する際に用いられる方式である。

三大オルグの残りの1人である二宮誠については、その組織化方式が紹介されておらず、当のオルグが著した『オルグの鬼──労働組合は誰のためのものか──』が紹介されているだけである。

第3に、オルグのプロフィール・人物像と組織化対象企業の生い立ち・特徴である。インタビューした主要オルグのプロフィールと人物像が描かれている。例えば、上記の佐藤がもっていた熱意の背景として戦争体験とシベリアの抑留経験を挙げられており、また、組織化の熱意・決意の内容としては、給料の半減になるのにオルグの道を選んだこと等が記述されている。また、組織化対象企業の生い立ち・特徴も実名で詳細に記述されていて、組織化の背景や展開過程をより的確かつ深く理解することができる。例えば、ジャスコの場合、岡田屋、フタギ、シロの3社合併により誕生したこと等である。チェーンストア産業の組織化だけではなく企業の経営史もわかる一石二鳥の内容となっている。

3．批　評

1人が数多くのオルグをインタビューし、組織化の歴史的展開をわかりやすく書かれた本書の意義についていくら高く評してもしすぎることはあるまい。しかし、今後、この種の研究に少しでも参考になればとの思いでいくつかの点で評してみたいと思う。

第1に、信憑性の確保である。著者がインタビューしたオルグの数は数え切れないほど多いと考えられる。しかし、いつどのようにインタビューしたかについ

ては言及されておらず、インタビュー内容の信憑性に課題があるといわざるを得ない。また、本文の内容の中で、話し手が発言したところと、著者が考えて書いたところとの線引きが明確ではない側面があり、歴史的な事実を実体的に確証しようとしたら、どの内容を根拠にしたらよいか迷ってしまう。もちろん、著者は、簡潔にかつわかりやすく書き、多くの労働組合活動家に読みやすくしたいとの意図があってそうしたとは思うが、だとしてもインタビュー調査の信憑性が伝わるように限定的にでもふれた方がよかったのではないかと思う。

　第2に、体系的な理解が難しい。登場人物が非常に多く、末尾の主要人物一覧に掲載されているオルグ数だけでも59名に上る。組織化にたけたオルグの人物を紹介するのか、それとも「流通産別構想」の成就史なのか。もし前者であれば、オルグのタイプ分けを行い、タイプごとの組織化特徴やオルグの人物像を書いたほうがよかったのではないか。もし後者であれば、それに直接的にかかわる歴史的事実やオルグを取り上げたらもっと体系的に理解しやすかったのではないかと思われる。欲を言えば、新たに第12章を加筆し、本文の内容を上記の2つの側面で体系的に整理したらもっとよい内容となったと思う。

　とはいえ、組織化がいっそう求められている今日、組織化のフロンティアを走っているUAゼンセンのオルグの人物像・活動内容と組織化史を上質の面白みと深みでダイナミックに書いた本書は、きわめて価値のあるものであり、一読をお勧めしたい。特に労働組合のリーダーに。

── 日本労働社会学会年報第31号〔2020年〕──

山田信行著

『グローバル化と社会運動

── 半周辺マレーシアにおける反システム運動── 』

（東信堂、2019年、A5判、312頁、定価2,800円＋税）

矢野　秀徳

（広島修道大学）

1．はじめに

　東南アジアの国々はこの半世紀の間に目覚ましい経済成長を遂げた。東南アジア＝貧困というイメージは（現在でも当てはまる部分はあるにせよ）過去のものとなりつつあり、同地域の多くの国々はいまや中所得国として位置づけられるようになった。東南アジアは「豊かさ」「繁栄」という長年の夢をようやく現実のものとしつつあるのである。これらをもたらした一因がグローバル化であることは論を俟たない。これらの国々は、国際的分業に組み込まれ、その中での立ち位置を確保することによって、成長を実現したのである。

　植民地時代に形成されたモノカルチャー経済と未成熟な民族資本という桎梏を前提とすると、グローバル資本の力に依存することは、他に選択の余地のない戦略であった。しかしそれは同時に、自国が「中核－周辺」という国際的経済空間に組み込まれ、中核（先進国）への従属を余儀なくされるということでもあった。途上国にとってグローバル化とは功罪併せ持つ諸刃の剣であった。

　グローバル化については、とりわけ1990年代以降、概念や起源など様々な側面について多く語られ、ポジティヴな側面についても言及されてきたが、本書の著者が着目するのはそのネガティヴな側面、とりわけ労使関係における負の効果である。例えば、グローバル資本（多国籍企業）は、中核ゾーンにおいては生産拠点の周辺ゾーンへの移転という形で雇用の減少をもたらし（産業の空洞化）、周辺ゾーンでは熾烈なコスト計算に基づいて労働者への支配や管理を強める（低賃金化、底辺への競争）。グローバル資本はまた、中核・周辺両ゾーンにおいて、能力その他の属性に応じて労働者を「稼げる仕事」と「そうでない仕事」に振り

分け、労働者内部の差異化を押し進めていく。あるいは、収益の極大化を目指すグローバル資本が、ジェンダーやエスニシティといった差別を正当化する言説あるいは社会構造を利用することで一部の労働者（女性や少数民族など）に不利益を押し付けることを正当化する、といった具合である。

　もっとも、周辺はいつまでも周辺であり続けるわけではない。周辺ゾーンの国のうちのいくつかは、新国際分業の恩恵に与り経済的上昇を果たした。すなわち半周辺ゾーン化である。しかしこれらの国の経済成長は、国内的に必ずしも均等ではない。成長の果実を手にした「周辺ゾーンの中の中核ゾーン」と、置き去りにされた周辺ゾーンという新たな中核－周辺関係が出現する。言い換えれば半周辺化とは、中核性と周辺性と併せ持つということである。ここではまた、中核－周辺構造において見られたような支配・抑圧・搾取が形を変えて立ち現れる。中核－周辺構造はかように重層的なのである。

　こうした状態から生まれるのが、本書の分析対象であるグローバル化への対抗運動（反グローバリズム）であるが、これは資本主義世界経済への対抗運動であるという意味で反システム運動（antisystemic movements:ASMs）として理解できるものである。ASMsは大別すると民族解放運動、労働運動、新しい社会運動（new social movements; NSMs）の３つがあるが、民族解放運動は旧植民地であった周辺ゾーンにおいて、労働運動は製造業が最も集積している半周辺ゾーンにおいて、NSMsは中核ゾーンにおいてそれぞれ最も観察されうる。だとすると、これら３種のASMsは、中核性と周辺性と併せ持ったゾーンである半周辺ゾーンにおいてこそ顕著に観察できるということになる。著者がマレーシアを分析対象とした背景のひとつは、長年の研究蓄積を有していることに加えて、マレーシアがそうした半周辺ゾーンとしての性質を備えているためである。

２．本書の内容

　本書は序章、Ⅰ章〜Ⅹ章および結びからなり、Ⅰ章〜Ⅹ章は3部に分けられている。序章では上記のような本書の問題意識と構成が述べられている。以下、著者自身の言葉に沿う形で、本書の内容を紹介しよう。

　本書は、上記の３つのASMsに対応した３部構成をとっているが、その具体的

分析に入る前に、まずⅠ章ではマレーシア社会の状況を概観する。独立（1957年）以降のマレーシアを、経済面については工業化の過程、政治面についてはエスニシティに基づくその独特な正統システム、文化・イデオロギー面についてはイスラム化に媒介されたマレー人ナショナリズムや「アジア的価値」による国民統合、といった観点から検討する。

第1部（Ⅱ～Ⅳ章）のテーマは民族解放運動である。Ⅱ章では、マレーシア独立後もインド人たちが発展や独立の恩恵から取り残され、それゆえにインド人によるNGOの連合体が民族解放運動の担い手になったという過程が考察される。Ⅲ章では、インド人労働者の境遇がイギリス植民地統治時代の「負の遺産」であること、そして独立後のプランテーション再開発に伴って発生した労働者による生活保全の運動が、民族解放運動に通底する傾向があることが確認される。そして、民族解放運動の背景には階級関係があり、それゆえこの運動は労働運動としての側面を持つことが説明される。Ⅳ章の考察対象は、こうした階級関係を前景化させて運動を展開するマレーシア社会党である。同党は、実質的にインド人によるエスニックであるにもかかわらず階級関係のフレームに基づく運動を志向している。このことが、半周辺マレーシアでは同党の運動を促進するとともに制約する可能性があるということが説明されている。

第2部（Ⅴ～Ⅶ章）のテーマは労働運動である。Ⅴ章では、マレーシアにおける労働運動の政治的影響力の弱さを、最低賃金の制定過程に着目しながら検討する。加えて、マレーシアにおける電子産業の労使関係が（もう一つの検討対象である銀行セクターと比較して）専制的であることも、そうした弱さの一因であることを論じている。Ⅵ章では、労働運動の弱さを示す事例として移民労働者の状況と、その改善を目指す運動が取り上げられている。マレーシアは東南アジア最大の移民労働者受け入れ国でありながら、その受け入れ態勢は十分整備されておらず、その結果、マレーシアの移民労働者はその周辺性を体現する存在となっている。Ⅶ章では、労働運動がその弱さを市民運動との連携によって打開・克服する可能性について考察されている。主たる考察対象は選挙改革を目指すBERISHというNGOの連合体であるが、この市民運動が持つ階級的性格が、市民運動と労働運動とが連携する媒介となる可能性が検討されている。

　第3部（Ⅷ〜Ⅹ章）のテーマは新しい社会運動であり、考察対象とされているのは反ライナス運動という環境保護運動である。Ⅷ章では、反ライナス運動の経緯や運動の主体について概観したうえで、中核性と周辺性を併せ持つマレーシア社会の半周辺的性質が反ライナス運動にも反映されていることが指摘されている。Ⅸ章では、そうした性質の1つとして、反ライナス運動を中心的に担う華人たちの特徴が、同運動の活動家および一般参加者を対象とした著者によるアンケート結果に基づいて分析されている。Ⅹ章では、反ライナス運動が体現する周辺性が考察される。環境保護活動は主として中核ゾーンにおいて顕在化する運動であるが、反ライナス運動の場合、その生起はレア・アースという一次産品を採掘する多国籍企業の経営戦略という中核性に規定されている。この意味で反ライナス運動は、ある種典型的な周辺性を帯びているということが示されている。

　これら3部10章からなる考察を経て、結びにおいては、半周辺ゾーンが3つのASMsが交錯する場であり、システムそれ自体をダイナミックに変容させる可能性があるということが主張されている。

　以上が本書の構成である。

3．コメント

　マレーシアについても社会運動についても専門外である評者が、このような大著にコメントするというのは非常におこがましいが、それを重々承知のうえで、「素人」の立場から興味深く感じられた点を述べたい。

　第一は、マレーシア社会運動を重層的な視点で描き出していることである。周辺国マレーシアが半周辺化するということは、マレーシア国内において周辺と「周辺の中の中核」が出現するということである。そして本書では、民族解放運動、労働運動、新しい社会運動（市民運動と環境保護運動）が、周辺──半周辺（＝周辺の中の中核）──中核という段階のいずれかに対応するものとして描き出されている（もっとも反ライナス運動のように、周辺性と中核性の2つの側面を併せ持つ場合もあるのだが）。このように、周辺──中核のグラデーションの中に社会運動を位置づけるという視点は、「社会運動なるもの」を機能面だけに着目して一括りにする傾向のある身としては新鮮な視点であり、他国にも応用で

きるものであろう。

　ところで、中核ゾーンと周辺ゾーンの間に権力的な不均衡・非対称性が存在するものであるならば、中核的性質を持つ運動と周辺的性質を持つそれとの間にもそうした非対称性は存在するのであろうか。例えば、両者が連携する過程で、ヘゲモニーが次第に前者側に傾いていくとか、前者が後者をいわば踏み台的に利用する形でその利益だけを実現していくようなことはないのかという疑問が生じた。

　第二は、第Ⅴ章で取り上げられている「弱い労組」と「強い労組」の比較である。前者（電子産業セクター労組）と後者（銀行セクター労組）では、ともに直面する法的制度的制約は同様であるにもかかわらず、使用者側との交渉力の点で強弱の違いが存在する。その一因は、電子産業の多国籍企業が当初から低廉かつ従順な労働者を求めてマレーシアに進出するのに対して、金融系の多国籍企業はマレーシアの金融市場から収益を上げるために進出したという経済的動機の違いにあるという。銀行セクター労組の組合員がどのような職種・ポジションに就いているのかは分からないが、概ね高学歴ホワイトカラーとして相応の地位にあるが、彼ら・彼女らの労働コストは現状、経営的には許容範囲内に収まっており、それ相当の賃金を支払われるべきディーセントな存在なのだと思われる。しかし今後は、銀行セクターでも省力化が進展すると同時に、マレーシア社会でも高学歴化が進み、ホワイトカラー業務を担える能力を持った人材が多数輩出されると予想される。労働力の需給バランスがいわば「買い手市場」へと傾く中でも、銀行セクター労組がこのような高い交渉力を持ち続けることができるか、注目に値する。

　第三は、移民労働者についてである。上述したように、マレーシアは東南アジア最大の移民労働者受け入れ国なのであるが、移民労働者は本国からマレーシアに送られる時点でブローカーによる搾取にあい、加えてマレーシアでは低権利・低賃金労働に従事している。家事労働では雇用主によるハラスメントや暴行被害を受けた者も多いという。移民労働者はその本国においても、マレーシアにおいても、中核ゾーンとの関係においても周辺的なのである（移民労働者は、受け入れ国マレーシアの「豊かさ」すなわち中核性を体現するものではあっても、彼ら自身の立ち位置はあくまで周辺的である）。いわば周辺性は再生産される形で重

層化していくのである。日本も移民労働者（という肩書ではないが）を相当数受け入れており、その存在を考察する際には重要な視点なのではないか。

　最後に、些末な疑問を一つだけ挙げておきたい。Ⅶ章に登場する選挙改革運動BERISHのシンボルカラーは黄色であるという。隣国タイの反タクシン運動（民主市民連合、こちらも都市中間層が運動の担い手である）は「黄シャツ」がシンボルアイテムであったし、もう少し遡れば、1986年にフィリピンのマルコス独裁体制を打倒したコラソン・アキノ（彼女の選挙運動にも多くの都市中間層が参加した）のシンボルカラーも黄色であった。改革志向の都市中間層は黄色が好みのようなのだが、なぜだろうか。

日本労働社会学会会則

(1988年10月10日　制定)
(1989年10月23日　改訂)
(1991年11月 5 日　改正)
(1997年10月26日　改正)
(1998年11月 2 日　改正)

[名　　称]

第 1 条　本会は、日本労働社会学会と称する。

　　2　本会の英語名は、The Japanese Association of Labor Sociology とする。

[目　　的]

第 2 条　本会は、産業・労働問題の社会学的研究を行なうとともに、これらの分野の研究に携わる研究者による研究成果の発表と相互交流を行なうことを通じて、産業・労働問題に関する社会学的研究の発達・普及を図ることを目的とする。

[事　　業]

第 3 条　本会は次の事業を行う。

　(1)　毎年1回、大会を開催し、研究の発表および討議を行なう。

　(2)　研究会および見学会の開催。

　(3)　会員の研究成果の報告および刊行 (年報、その他の刊行物の発行)。

　(4)　内外の学会、研究会への参加。

　(5)　その他、本会の目的を達成するために適当と認められる事業。

[会　　員]

第 4 条　本会は、産業・労働問題の調査・研究を行なう研究者であって、本会の趣旨に賛同するものをもって組織する。

第 5 条　本会に入会しようとするものは、会員1名の紹介を付して幹事会に申し出て、その承認を受けなければならない。

第 6 条　会員は毎年 (新入会員は入会の時) 所定の会費を納めなければならない。

　　2　会費の金額は総会に諮り、別途定める。

　　3　継続して 3 年以上会費を滞納した会員は、原則として会員の資格を失う

ものとする。

第 7 条　会員は、本会が実施する事業に参加し、機関誌、その他の刊行物の実費配布を受けることができる。

第 8 条　本会を退会しようとする会員は書面をもって、その旨を幹事会に申し出なければならない。

　　[役　　員]

第 9 条　本会に、つぎの役員をおく。

　　(1)　代表幹事　1 名

　　(2)　幹　　事　若干名

　　(3)　監　　事　2 名

　役員の任期は 2 年とする。ただし連続して 2 期 4 年を超えることはできない。

第10条　代表幹事は、幹事会において幹事の中から選任され、本会を代表し会務を処理する。

第11条　幹事は、会員の中から選任され、幹事会を構成して会務を処理する。

第12条　監事は、会員の中から選任され、本会の会計を監査し、総会に報告する。

第13条　役員の選任手続きは別に定める。

　　[総　　会]

第14条　本会は、毎年1回、会員総会を開くものとする。

　　2　幹事会が必要と認めるとき、又は会員の3分の1以上の請求があるときは臨時総会を開くことができる。

第15条　総会は本会の最高意思決定機関として、役員の選出、事業および会務についての意見の提出、予算および決算の審議にあたる。

　　2　総会における議長は、その都度、会員の中から選任する。

　　3　総会の議決は、第20条に定める場合を除き、出席会員の過半数による。

第16条　幹事会は、総会の議事、会場および日時を定めて、予めこれを会員に通知する。

　　2　幹事会は、総会において会務について報告する。

　　[会　　計]

第17条　本会の運営費用は、会員からの会費、寄付金およびその他の収入による。

第18条　本会の会計期間は、毎年10月1日より翌年9月30日までとする。

［地方部会ならびに分科会］

第19条　本会の活動の一環として、地方部会ならびに分科会を設けることができる。

［会則の変更］

第20条　この会則の変更には、幹事の2分の1以上、または会員の3分の1以上の提案により、総会の出席会員の3分の2以上の賛成を得なければならない。

［付　　則］

第21条　本会の事務執行に必要な細則は幹事会がこれを定める。

　　2　本会の事務局は、当分の間、代表幹事の所属する機関に置く。

第22条　この会則は1988年10月10日から施行する。

編集委員会規程

(1988年10月10日　制定)
(1992年11月 3 日　改訂)

1. 日本労働社会学会は、機関誌『日本労働社会学会年報』を発行するために、編集委員会を置く。
2. 編集委員会は、編集委員長1名および編集委員若干名で構成する。
3. 編集委員長は、幹事会において互選する。編集委員は、幹事会の推薦にもとづき、代表幹事が委嘱する。
4. 編集委員長および編集委員の任期は、幹事の任期と同じく2年とし、重任を妨げない。
5. 編集委員長は、編集委員会を主宰し、機関誌編集を統括する。編集委員は、機関誌編集を担当する。
6. 編集委員会は、会員の投稿原稿の審査のため、専門委員若干名を置く。
7. 専門委員は、編集委員会の推薦にもとづき、代表幹事が委嘱する。
8. 専門委員の任期は、2年とし、重任を妨げない。なお、代表幹事は、編集委員会の推薦にもとづき、特定の原稿のみを審査する専門委員を臨時に委嘱することができる。
9. 専門委員は、編集委員会の依頼により、投稿原稿を審査し、その結果を編集委員会に文書で報告する。
10. 編集委員会は、専門委員の審査報告にもとづいて、投稿原稿の採否、修正指示等の措置を決定する。

付則1. この規定は、1992年11月3日より施行する。
　　2. この規定の改廃は、編集委員会および幹事会の議を経て、日本労働社会学会総会の承認を得るものとする。
　　3. この規定の施行細則(編集規定)および投稿規定は、編集委員会が別に定め、幹事会の承認を得るものとする。

編集規程

（1988年10月10日　制定）
（1992年10月17日　改訂）
（幹事会承認）

1. 『日本労働社会学会年報』（以下本誌）は、日本労働社会学会の機関誌であって、年1回発行する。

2. 本誌は、原則として、本会会員の労働社会学関係の研究成果の発表に充てる。

3. 本誌は、論文、研究ノート、書評、海外動向等で構成し、会員の文献集録欄を随時設ける。

4. 本誌の掲載原稿は、会員の投稿原稿と編集委員会の依頼原稿とから成る。

投稿規程

（1988年10月10日　制定）
（1992年10月17日　改訂）
（2002年 9月28日　改訂）
（2011年12月15日　改訂）
（2014年 7月 5日　改訂）
（2020年 8月22日　改訂）
（幹事会承認）

［投稿資格および著作権の帰属］

1. 本誌（日本労働社会学会年報）への投稿資格は、本会員とする。なお、投稿論文が共著論文の場合、執筆者のうち筆頭著者を含む半数以上が本会会員であることを要する。

2. 本誌に発表された論文等の著作権は日本労働社会学会に帰属する。ただし、著作者自身による複製、公衆送信については、申し出がなくてもこれを許諾する。

［投稿原稿］

3. 本誌への投稿は論文、研究ノート、その他とする。

4. 投稿する論文は未発表のものに限る。他誌への重複投稿は認めない。既発表の有無・重複投稿の判断等は、編集委員会に帰属する。ただし、学会・研究会等で発表したものについては、この限りではない。

［執筆要項］

5．投稿は、パソコン類による横書きとする。

6．論文及び研究ノートの分量は24,000字以内（図表込：図表は1つにつき400字換算）とする。また、書評は4,000字程度とする。

7．原稿は下記の順序に従って記述する。

題目、英文題目、執筆者名、執筆者ローマ字、本文、注、文献、字数。

8．本文の章・節の見出しは、次の通りとする。

1. 2. 3…、(1) (2) (3) …、1) 2) 3) …

9．本文への補注は、本文の箇所の右肩に（1）、（2）、（3）の記号をつけ、論文末の文献リストの前に一括して掲載する。

10．引用文献注は下記のように掲載する。

引用文献注は本文の該当箇所に（ ）を付して、（著者名　西暦発行年：引用ページ）を示す。引用文献は論文末の補注の後に、著者のアルファベット順に著者名、刊行西暦年（丸括弧で囲む）、書名（または論文名、掲載誌名、巻号）、出版社の順に一括して掲載する。また、同一の著者の同一年度に発行の著者または論文がある場合には、発行順にa, b, c, …を付する。

11．図、表、写真は別紙とし、次のように作成する。

（1）本文に該当する箇所の欄外に挿入箇所を朱書きして指定する。

（2）図・表の文字の大きさは、別紙で定める図表基準に従うこと。

（3）図・表の番号は、図1、表1のように示し、図・表のそれぞれについて通し番号をつけ、表にはタイトルを上に、図にはタイトルを下につける。

（4）図・表・写真等を他の著作物から引用する場合は、出典を必ず明記し、必要に応じて原著者または著作権保持者から使用許可を得ること。

［申込みと提出］

12．投稿希望者は、以下の項目を記入し編集委員会宛に申し込む。

（1）氏名、（2）電話番号、e-mail アドレス、連絡先住所、（3）所属機関、（4）論文、研究ノートなどの区分、（5）論文の題目、（6）使用ソフトの名称及びバージョン（MS Word の場合は記載不要）。

13．当初の投稿は原稿（氏名を入れたもの1部、氏名を伏せたもの1部）を、編集委員会が指定するアドレスに添付ファイルで送信する。

［原稿の採否］

14. 投稿論文は複数の審査員の審査結果により、編集委員会が掲載の可否を決定する。

15. 最終段階で完成原稿を編集委員会が指定するアドレスに添付ファイルで送信する。

［図表基準］

16. 図表は次の基準により作成するものとする。

　(1) 図表のサイズは年報の1頁以内に収まる分量とする。

　(2) 図表作成の詳細については、原稿提出後に出版社との調整があるので、その指示に従い投稿者の責任において修正することとする。

［付記］

1. 本規程の改訂は、幹事会の承認を得なければならない。

2. 本規程は、2020年8月22日より実施する。

編 集 後 記

　年報第31号を会員のみなさまにお届けします。本号は第31回大会シンポジウムをもとにした特集原稿4本のほか、投稿論文1件、学会賞選考結果および書評6本を収録しています。

　本号の編集作業は、新型コロナウイルス感染症の拡大とともにおこなわれてきました。各種感染症の拡大に対応した大学の措置はこれまでもその都度とられてきたことを思い出しますが、しかし、今回の影響はあまりにも広くかつ長期にわたっています。職場では各種業務のありかたを短期間で組み直し、試行錯誤しながら実施していかざるをえないと同時に、ご自身のケアもそこそこに、ご家族や周囲のサポートに奔走した方々が多かったことと拝察します。そのようななかで査読をお引き受けくださった方々、ご執筆くださった方々、編集委員に心より感謝申し上げます。

　次号より新しい投稿規定が適用されます。投稿受付をはじめとした原稿のやりとりを、すべてメールでおこなうこととなります。次号の進行も感染症の影響を受ける可能性は否定できず、これからも、さまざまな事情からいつものようにはいかない事態が起きてくることが予想されます。そのなかでは、新しい方法やツールも使いながら、少しでもあゆみをとめない工夫を積み重ねていくことが肝要かもしれません。

　しかしながら、どのようなやりかたをとるにせよ、年報の発行を支えるのが会員のみなさまであることに変わりはありません。これからもより一層のご支援をお願いいたします。　　　　　　　　　　　（年報編集委員長　宮下さおり）

ISSN　0919-7990

日本労働社会学会年報 第31号
移住労働者と労働世界の構造変化
2020年10月30日　発行

□編　集　日本労働社会学会編集委員会
□発行者　日本労働社会学会
□発売元　株式会社 東信堂

日本労働社会学会事務局
〒150-0001　東京都渋谷区神宮前5-8-2
公益社団法人　日本看護協会　労働政策部
TEL　03-5778-8553
E-mail　yuka.omura@nurse.or.jp
学会HP　http://www.jals.jp

株式会社 東信堂
〒113-0023　文京区向丘1-20-6
TEL　03-3818-5521
FAX　03-3818-5514
E-mail　tk203444@fsinet.or.jp
東信堂HP　http://www.toshindo-pub.com

ISBN978-4-7989-1665-1　C3036

「日本労働社会学会年報」バックナンバー（24号以降）

※　ご購入ご希望の方は、学会事務局または発売元・東信堂へご照会下さい。
※　本体（税別）価格にて表示しております。

東信堂

北欧サーミの復権と現状【先住民族の社会学1】 —ノルウェー・スウェーデン・フィンランドを対象にして　小内　透編著　三九〇〇円

現代アイヌの生活と地域住民【先住民族の社会学2】 札幌市・むかわ町・伊達市・新ひだか町・白糠町を対象にして　小内　透編著　三九〇〇円

白老における「アイヌ民族」の変容 —イオマンテにみる神官機能の系譜　西谷内博美　二八〇〇円

開発援助の介入論 —インドの河川浄化政策に見る国境と文化を越える困難　西谷内博美　四六〇〇円

資源問題の正義 —コンゴの紛争資源問題と消費者の責任　華井和代　三九〇〇円

海外日本人社会とメディア・ネットワーク —パリ日本人社会を事例として　松本行昭樹　今西裕直編著　四六〇〇円

移動の時代を生きる—人・権力・コミュニティ　吉原直樹監修　三〇〇〇円

国際社会学の射程　国際社会学ブックレット1 —日韓の事例と多文化主義再考　芝田真里編訳　一二〇〇円

国際移動と移民政策　国際社会学ブックレット2 —日韓の事例と多文化主義再考　有田伸ほか　山本かおり編著　一〇〇〇円

社会学をめぐるグローバル・ダイアログ　国際社会学ブックレット3 越境する国際社会学とコスモポリタン的志向　西原和久　一三〇〇円

トランスナショナリズムと社会のイノベーション 越境する国際社会学とコスモポリタン的志向　西原和久　三〇〇〇円

グローバル化と社会運動 半周辺マレーシアにおける反システム運動　山田信行　二八〇〇円

世界システムの新世紀 —グローバル化とマレーシア　山田信行　三六〇〇円

「むつ小川原開発・核燃料サイクル施設問題」研究資料集　茅野恒秀　金山行孝　飯島伸子　藤川賢編著　一八〇〇〇円

新版 新潟水俣病問題—の社会学 加害と被害　舩橋晴俊　飯島晴子編　三八〇〇円

新潟水俣病をめぐる制度・表象・地域　関礼子　五六〇〇円

新潟水俣病問題の受容と克服　堀田恭子　四八〇〇円

公害・環境問題の放置構造と解決過程　藤川賢　渡辺伸一　堀畑まなみ著　三八〇〇円

公害・環境問題の社会学 イタイイタイ病・カドミウム問題の歴史と現在　飯島伸子　藤川賢著　三六〇〇円

金属伝説で日本を読む　井上孝夫　三〇〇〇円

白神山地と青秋林道—地域開発と環境　井上孝夫　三〇〇〇円

現代環境問題論—理論と族法の社会学 再定置のために　井上孝夫　二三〇〇円

〒113-0023　東京都文京区向丘1-20-6　TEL 03-3818-5521　FAX03-3818-5514　振替 00110-6-37828
Email tk203444@fsinet.or.jp　URL:http://www.toshindo-pub.com/
※定価：表示価格（本体）＋税

〒113-0023　東京都文京区向丘 1-20-6　　TEL 03-3818-5521　FAX03-3818-5514　振替 00110-6-37828
Email tk203444@fsinet.or.jp　URL:http://www.toshindo-pub.com/

※定価：表示価格（本体）＋税